COLEÇÃO
POCKET BOOK
THEREZA NAHAS
COORDENADORA

COLEÇÃO
POCKET BOOK
THEREZA NAHAS
COORDENADORA

THEREZA NAHAS

DESCONSIDERAÇÃO DA PERSONALIDADE JURÍDICA

Reflexões sobre o marco da liberdade econômica e aplicação do instituto nas relações de trabalho

MATRIOSKA
EDITORA

Publisher – Editorial: Luciana Félix
Publisher – Comercial: Patrícia Melo
Coordenação editorial da coleção: Ana C. Moura
Copidesque e preparação de texto: Pamela Andrade
Revisão: Equipe Matrioska Editora
Editoração e capa: Marcelo Correia da Silva

Matrioska Editora
Atendimento e venda direta ao leitor:
www.matrioskaeditora.com.br
contato@matrioskaeditora.com.br
facebook.com/matrioskaeditora
instagram.com/matrioskaeditora

Dados Internacionais de Catalogação na Publicação (CIP)
(Câmara Brasileira do Livro, SP, Brasil)

Nahas, Thereza
Desconsideração da personalidade jurídica : reflexões sobre o marco da liberdade econômica e aplicação do instituto nas relações de trabalho / Thereza Nahas. -- São Paulo, SP : Matrioska Editora, 2022. -- (Coleção pocket book / coordenação Thereza Nahas)

Bibliografia.
ISBN 978-65-86985-65-8

1. Desconsideração da personalidade jurídica - Brasil 2. Direito do trabalho - Brasil 3. Direito processual - Brasil I. Nahas, Thereza. II. Título. III. Série.

22-118498 CDU-34:331(81)

Índices para catálogo sistemático:

1. Brasil : Direito do trabalho 34:331(81)

Eliete Marques da Silva - Bibliotecária - CRB-8/9380

Impresso no Brasil
2022

A autora

Thereza Nahas

Doutora com pós-doutorado pela Universidad Castilla La-Mancha (campus Albacete/Espanha). Doutora pela PUC/SP. Acadêmica titular da Cadeira nº 43 da ABDT. Juíza do Trabalho (TRT/SP). Professora colaboradora da Universitat Oberta de Catalunya. Professora Visitante na Faculdade de Direito de Milão no programa de doutorado. Professora visitante na PUC/RS e professora convidada na PUC/SP. Membro do Grupo/CNJ ODS-16. Currículo lattes: http://lattes.cnpq.br/2361402097260893. E-mail: tnahas70@gmail.com.

Apresentação da Série

A coleção Pocket-book chega ao leitor com a intenção de proporcionar uma ferramenta de trabalho e conhecimento que permita a consulta rápida, inteligente e com a qualidade que o modelo da tecnologia atual exige.

Os temas monográficos e a diversidade de autores e pensamentos evitam que a velocidade das alterações legislativas, jurisprudenciais, políticas e sociais possam comprometer a atualidade das obras.

O formato praticamente 100% digital do conteúdo (com impressões esporádicas e sob demanda) viabiliza as atualizações constantes e necessárias para a compreensão dos temas propostos.

O mundo em constante transformação, a aceleração da tecnologia da informação e da comunicação e os vários instrumentos normativos que surgem nos diferentes países impactando, inclusive, a zona de conforto que cada um de nós vive, requer atualizações mais dinâmicas e intercâmbios culturais, políticos, jurídicos e sociais. O mundo não tem fronteiras e reclama que cada um possa ir mais além, justamente pela união dos povos e a cooperação transnacional.

Vivemos no século da sociedade do conhecimento, fundamento este de cada Pocket-book que o leitor poderá absorver!

Thereza Nahas

Coordenadora e autora

Sumário

LIBERDADE ECONÔMICA E DIREITO DO TRABALHO

1.1 Considerações gerais

Já se sabe que a globalização é um fenômeno multifacético e que desperta opiniões antagônicas.

O final da Segunda Guerra Mundial foi um importante momento para fixar a luta contra a pobreza, propondo-se que as grandes potências econômicas ocidentais abraçassem o princípio de que era necessário garantir um nível mínimo de dignidade humana. Como observado por Naomi:

> fue este imperativo pragmático lo que llevo a la creación de casi todo lo que asociamos hoy en día con la pasada época del capitalismo decente: "seguridad social en Estados Unidos, sanidad pública en Canadá, asistencia social en Gran Bretaña y protección del trabajador en Francia

> y Alemania. En el mundo en vías de desarrollo se imponía una tendencia similar, más radical, que se conoció con el nombre de desarrollismo o de nacionalismo del Tercer Mundo. Los economistas desarrollistas afirmaban que sus países escaparían por fin de la pobreza si llevaban a cabo una estrategia de industrialización orientada al interior en lugar de recurrir a la exportación de recursos naturales, cuyos precios cada vez más eran más bajos, a Europa o América del Norte[1].

Foi um momento de grande evolução do direito do trabalho, especialmente nos países desenvolvidos e ocidentais, em que trabalhadores fundaram sindicatos atuantes e fortes, recebiam salários dignos, seus filhos tinham acesso à educação e encurtava-se a distância entre ricos e pobres, reduzindo a desigualdade social. A economia crescia num bom ritmo nos países do norte que cresciam sob a orientação da política keynesiana e os do Sul sob a chamada política desenvolvimentista. Tudo isso incomodava alguns proprietários e acionista que tinham de repartir seus lucros através de impostos, salários e benefícios, além do que deveriam permitir que os sindicatos fossem dotados de autonomia e força, situação que implicava, no contexto do *laissez-faire state,* um custo muito alto para o setor privado e eles não estavam dispostos a tantos compartilhamentos de seus custos.

Esse descontentamento, somado à depressão dos anos 1970 e a reestruturação empresarial, permitiu, afinal, que se adotasse a tese construída pelos economistas da Escola da Chicago, convertendo-se o estudo de Milton Friedman *Capitalism and Freedom* (EEUU, 1962) na doutrina ideal para as soluções que se buscava. O capitalismo livre e sem intervenções propõe questões importantes relacionadas

---

[1] KLEIN, Naomi. *La Doctrina del Shock:* el auge del capitalismo del desastre. Madrid: Paidos, 2007, p. 85-86.

a liberdade econômica, política fiscal, papel do governo na sociedade, bem-estar, distribuição de renda, combate à pobreza, educação e monopólio. A proposta seduziu os governos americano e inglês, que trataram de implementar um programa de desregulamentação, privatização, flexibilização e descentralização da política dos Estados: os governos devem limitar-se ao papel de garantir a liberdade, promover mercados competitivos, preservar a lei e a ordem.

A doutrina neoliberal promove a liberdade como pressuposto necessário e a descentralização do governo que permite a quebra das fronteiras para todos os negócios, desde a arte e o conhecimento, até o ilimitado ponto que se possa alcançar. Tudo isso é necessário para permitir a variedade e diversidade da ação humana. A garantia básica da educação, cultura, saúde, infraestruturas, nutrição, vestuário ou habitação, pode ser interessante desde o ponto de vista de se ter uma sociedade igual, mas acomodada e medíocre, incapaz de criar situações novas e limitadas. É necessário dotar a sociedade de liberdade para criar, desenvolver-se e permitir que o mercado se auto-organize economicamente[2].

Com a adoção desse sistema é que a relação de trabalho estável começa a marchar para trás abrindo passo para relações flexíveis, surgimento de novos tipos contratuais afastados cada vez mais das estabilidades contratuais. As novas relações devem adequar-se às novas estruturas empresariais especialmente as descentralizadas e que reclamam meios necessários para um mercado cada vez mais consumista e competitivo a nível interno e internacional.

---

[2] FRIEDMAN, Milton. *Capitalismo e Liberdade*. São Paulo: GEN, 2014.

1.2 Liberalismo, crises econômicas e flexibilidade

Porém, a proposta neoliberal, que inicialmente se mostrou como uma promessa viável de riqueza, independência e desenvolvimento promissor, entrou em absoluta crise, vindo a afundar-se por completo em 2008 quando, em definitivo, se compreendeu que não seria possível a absoluta ausência de intervenção Estatal, desregulamentação nos mercados e descontrole resultante da não intervenção, liberalização e absoluta liberdade. Com isso, o modelo liberal desintegra-se, dando fundamentos a algumas outras opções, entre elas, os movimentos de desglobalização[3] e, mais recentemente, o globalismo 4.0[4]. O Estado não pode estar ausente e deixar de intervir em relações econômicas, fato que se consolida com a crise da covid-19, em que empresas e cidadãos reclamam uma atuação contundente do Estado: os trabalhadores, para garantir seus postos de trabalho; as empresas, para manter seus negócios; a sociedade em geral, para ter acesso ao sistema de saúde; enfim, é absolutamente necessário que o Poder Público esteja presente com políticas das mais diversas naturezas, entre elas, públicas, sociais e econômicas para garantir o mínimo vital a todos, bem como a própria liberdade econômica.

A crise de 2008 foi um importante marco para pontuar que o modelo neoliberal dos anos 70 teria, definitivamente, chegado ao fim, até porque o sistema atual não viabilizava a subsistência. Afirma Ana Esther Ceceña que:

---

[3] SANTOS, Boaventura Sousa. *Classes magistrais — globalização ou desglobalização?*. Aula no YouTube, 11 abril 2018. Disponível em: https://youtu.be/1_Mf1_kHtoE. Acesso em: 23 maio 2019.

[4] WORLD ECONOMIC FORUM. Disponível em: https://www.weforum.org/focus/globalization-4-0. Acesso em: 23 maio 2019.

> o mercado, por si mesmo, é autodestrutivo, precisa de suportes e contenções. A sociedade capitalista, arbitrada pelo mercado, ou se depreda ou se distende. Não há expectativas a longo prazo (...) mesmo antes da eclosão da crise atual, já eram evidentes os limites insuperáveis aos quais o neoliberalismo tinha chegado. A bonança dos anos dourados do livre mercado permitiu expandir o capitalismo até alcançar, em todos os sentidos, a escala planetária; garantiu enormes lucros e o fortalecimento dos grandes capitais; retirou quase todas as barreiras à apropriação privada; flexibilizou, precarizou e barateou os mercados de trabalho; e colocou a natureza em situação indefesa. Porém depois de seu momento inovador, que impôs novos ritmos não apenas à produção e às comunicações, mas também às lutas sociais, os limites de seu potencial começaram a aparecer[5].

Todavia, ao se estabelecer um marco principal, há que se desmistificar certas crenças no cenário brasileiro. A flexibilização e a precarização dos mercados de trabalho nacionais não se deram com a reforma laboral de 2017, mas sim desde o momento em que houve o rompimento do modelo produtivo da empresa vertical que ocorre no final dos anos 1970, marcado pela recessão econômica e que, em muitos países, inclusive no Brasil, provocam o nascimento de normas que vão socavar alguns princípios e regras que davam estabilidade aos contratos de trabalho. Na União Europeia, por exemplo, houve muita polêmica com a proposta da flexi-segurança, trazida no livro verde em 2006[6]. No Brasil, por outro lado, a flexibilidade contratual

---

[5] CACEÑA, Ana Esther. O pós-neoliberalismo e suas bifurcações. *In:* BRAND, Ulrich; SEKLER, Nicola (orgs.). *Diante da Crise Global-Horizontes do Pós-neoliberalismo*. Rio de Janeiro: ed. UERJ, 2010, p. 47 e 50.

[6] *Flexiseguridade*, "se trataría de reformar las políticas sociales renovando – suprimiendo o trasladando al plano de otras políticas ("extralaboralizando" la propia política laboral) — los

se verificou com a implantação do sistema do FGTS, trazido em 1966[7], momento em que se rompeu a estabilidade decenal e se tornou o princípio geral com a Constituição democrática de 1988. No contexto do Estado social europeu, a discussão ganhou os holofotes a partir dos estudos sobre as reestruturações contratuais para modernizar o direito do trabalho, visando a afrontar os retos do século XXI.

Como ensina Fernando Vadés Dal-Ré:

> la ordenación jurídica del principio de estabilidad en el empleo ilustra de manera ejemplar las consecuencias de esta primera onda de mudanzas normativas; hasta el punto que se anuncia su «fin»: el fin de la estabilidad de entrada, pero también del de salida. La configuración legal del contrato de duración indefinida como la figura contractual socialmente típica de prestar trabajo por cuenta ajena y dependiente, y que había sido utilizada para concebir la relación laboral como una relación «estable

instrumentos garantistas jurídico-laborales — a favor de los trabajadores, trasladándolas hacia una más etérea "seguridad en el mercado de trabajo". El objetivo es la acomodación del conjunto político e institucional de tutela del trabajador (tutela jurídico-laboral, política de empleo, política formativa, sistemas de seguridad y protección social) a las exigencias de los cambios económicos, tecnológicos y de los sistemas de producción que el nuevo capitalismo exige. En realidad, por lo que respecta al Derecho laboral, se trataría de renovar el tradicional equilibrio de intereses que subyace al mismo: de un lado, garantizando una cierta seguridad jurídica y económica a los trabajadores; de otro lado, garantizando la utilización flexible de la mano de obra dentro de las organizaciones productivas. En definitiva, se trata de reformular el oxímoron que plasma el barbarismo "flexiseguridad" como expresión ambigua que fusiona dos términos antitéticos: flexibilidad y seguridad en el trabajo". AVILÉS, José Antonio Fernández. *El modelo de" flexiseguridad" europeo:* una aproximación crítica, Sevilla: X Congreso Europeo de Derecho del Trabajo y de la Seguridad Social. 2011. Disponível em: http://www.europeanrights.eu/public/commenti/fernandez_alviles_testo.pdf. Acesso em: 1º jan. 2021.

[7] "O Fundo de Garantia do Tempo de Serviço - FGTS foi criado pela Lei nº 5.107, de 13 de setembro de 1966 e vigente a partir de 01 de janeiro de 1967, para proteger o trabalhador demitido sem justa causa. O FGTS é constituído de contas vinculadas, abertas em nome de cada trabalhador, quando o empregador efetua o primeiro depósito. O saldo da conta vinculada é formado pelos depósitos mensais efetivados pelo empregador, acrescidos de atualização monetária e juros". O QUE É O FGTS. Caixa Econômica Federal, [2022c?], Disponível em: https://www.fgts.gov.br/Pages/sou-empregador/o-que.aspx#:~:text=%E2%80%8B-,Como%20foi%20criado%20o%20FGTS,trabalhador%20demitido%20sem%20justa%20causa. Acesso em: 1º jan. 2022.

> y de larga duración, exclusiva y a jornada completa», entra en crisis, haciendo su aparición una constelación de contratos «atípicos» que tienden a difuminar el prototipo de trabajador utilizado como referente normativo; como patrón o estándar social para la reglamentación de la relación laboral obligatoria[8].

O fenômeno da globalização, que se pode verificar desde as conquistas oceânicas, acaba sendo liderado por empresas e capitais financeiros, e não pelas mãos dos Estados. A tecnologia viabiliza a intensidade com que os negócios se concretizam e a concretização eficiente de negócios pela rapidez da informação e comunicação, bem como com a desburocratização das relações. Isso acaba levando:

> a algunas contradicciones, una de ellas es que los mercados se desarrollan a través de un proceso complejo de toma de decisiones individuales, mientras que la democracia se desarrolla a través de decisiones colectivas mayoritarias. Otra de ellas es que los mercados se desarrollan mejor y de una manera más eficiente cuanto menor es la interferencia de los gobiernos; sin embargo la sociedad, en su conjunto, aspira cada vez más a una mayor seguridad económica y estabilidad social, basadas en reglas que eviten la desintegración de su cohesión social y desea que los gobiernos se las garanticen[9].

---

[8] VALDÉS DAL-RÉ, Fernando. Descentralización Productiva y Desorganización del Derecho del Trabajo. *Core*, Londres, p. 43-63, 2011, p. 45. Disponível em: https://core.ac.uk/download/pdf/211094704.pdf. Acesso em: 3 jun. 2019.

[9] GARCIA MENENDEZ, José Ramon. Globalizacion y la Economia Internacional. *Revista de Estudos Sociais, [S.l]*, v. 5, n. 9, p. 155-183, 2011. Disponível em: https://periodicoscientificos.ufmt.br/ojs/index.php/res/article/view/192/182. Acesso em: 3 jun. 2019.

É incontestável a desnacionalização dos mercados, da política e dos sistemas jurídicos de uma forma geral, dando lugar aquilo que se chama de *mercado global*. Todavia, no âmbito da prestação de serviços, a globalização incide de uma forma peculiar, pois provoca um grande movimento migratório e de fronteiras. Não obstante os trabalhadores desempenharem e concretizarem seus trabalhos em âmbitos locais, é inegável que os impactos e reflexos sobre as relações de trabalho sejam de natureza global, especialmente no cenário do mundo do trabalho virtual, o que provoca uma reflexão quanto a forma de tutela e proteção mais adequada aos trabalhadores, especialmente a se considerar o desenvolvimento do trabalho com uso de tecnologia em todas as suas formas, o que vai muito além das plataformas digitais.

1.3 Nova fase global e suas consequências

A nova face da globalização iniciada a partir das novas regras flexíveis de mercado abriram um câmbio flutuante e sem controle que se acelerou em razão do desenvolvimento da tecnologia, provocando avanços profundos no campo da informação e comunicação, permitindo a maior integração das empresas em nível global, cuja chave-mestra é a tecnologia.

A característica mais marcante do mercado de negócios global foi o nascimento da OMC em 1995, cujo principal objetivo foi permitir a quebra de barreiras comerciais em nível mundial, permitindo a liberação do comércio mundial, assentando seus pilares nos tratados internacionais.

Todos esses fatos contribuíram para a formação de uma união comercial e sem fronteiras, ou ao menos com barreiras sensíveis e desburocratizadas que pudessem facilitar a integração mundial, evitando-se (ou prevenindo-se) a concorrência desleal. O desenvolvimento tecnológico vem permitir que a rapidez e fluidez da comunicação e da informação, promovam uma interligação em escala mundial em velocidade incontrolável, debilitando as fronteiras e viabilizando o contato direto entre os vários povos do planeta de forma instantânea, o que coincide com um momento muito peculiar em que muitos governos propõem fechar as fronteiras físicas justamente para impedir o fluxo das migrações[10].

Todavia, o que parece conflitar com esse intento é que, para o comércio global, que foi facilitado pelo desenvolvimento tecnológico, não há barreiras, de modo que as cadeias de produção, que se formam em todo o mundo entrelaçadas pelos *bits* e pela velocidade da internet, dispensam qualquer discussão ou regime de controle por restrições legais. O clique de um teclado permite que a concorrência entre empresas e trabalhadores vá além das discussões acerca do maior ou menor grau de subordinação, sugerindo um leque de *novas formas de contrato*. Tudo isso foi intensificado pela crise da pandemia de 2020 que está estabelecendo uma nova ordem mundial cultural, econômica e política e que certamente mudará definitivamente os rumos que vinham sendo traçados.

O que parece que deve ser buscado é um reenquadramento dos modelos econômicos e relações sociais, a fim de permitir uma harmonização com as questões sociais e um equilíbrio de gestões que colocam o Estado no centro das regulações políticas, isto é, o mercado não se pode autorregular sem qualquer intervenção Estatal. A

---

[10] Veja a questão do pretenso fechamento das fronteiras entre Brasil e Venezuela que foi objeto de pedido de Ação Civil originária 3.121 Roraima de relatoria da Ministra Rosa Weber, em 18/5/2018, em que se decidiu em caráter liminar a tutela antecipada. Entendendo o STF que a decisão de fechar fronteiras para impedir entrada de imigrantes violava do Estado de Direito garantido pela Constituição Federal.

promessa de um sistema fundado na flexibilidade, desregulamentação, autonomia e liberdade plena ruiu. O sistema neoliberal pregava que as decisões sobre taxas de câmbios e juros deveriam ser fixadas por atores privados, o que passou a ser feito a partir de 1973 (bancos multinacionais e fundos de investimentos especulativos), resultando no desencadeamento da privatização desenfreada de bens e serviços estendida por todo o mundo[11].

A consequência de todas essas alterações atinge diretamente o direito do trabalho. Para fins didáticos, pode-se dizer que o início de sua desconstrução se deu com o nascimento de uma reordenação necessária visando que se amoldasse aos novos modelos sociais e econômicos, especialmente a reestruturação empresarial.

Não obstante as várias reformas que foram implementadas no Brasil na lei trabalhista, os atores sociais e o Estado seguem pregados a um modelo tradicional que não acompanha as transformações econômicas e sociais e que têm sido palco de diversas discussões e embates legislativos e jurisprudenciais. Quero dizer que as reformas que se vêm promovendo no Brasil estão muito aquém do ideal que se poderia buscar, havendo um verdadeiro paradoxo entre as facilidades que se vêm buscando criar para o exercício da liberdade econômica

[11] "A onda e liberalização, desregulação e privatização do neoliberalismo desencadeou repercussões radicais na relação entre os países do Sul e os do Norte. Mercados financeiros liberalizados, sobretudo Wall Street, apoiados pelas instituições Bretton Woods e pelo governo dos Estados Unidos, ajudaram a reciclar os famosos "petrodólares" – após o choque do preço do petróleo em 1972, no Oriente Médio – nos países de Terceiro Mundo importadores de petróleo. Estes foram levados a acumular grandes dívidas em poucos anos, quando as taxas reais de juros eram baixas (e até mesmo negativas) antes de 1979. Acabaram entrando na crise da divida dos anos 1980, depois que o US Federal Reserv Triplicou as taxas de juros (o chamado "Choque Volcker" – isto é, a política de altos juros para atrair capital para os Estados Unidos), levando ao que ficou conhecido como a "década perdida" para os países em desenvolvimento". ALTVATER, Elmar, Pós-neoliberalismo ou pós-capitalismo? O fracasso do neoliberalismo na crise do mercado financeiro. *In:* BRAND, Ulrich; SEKLER, Nicola (orgs,). *Diante da Crise Global-Horizontes do Pós-neoliberalismo*. Rio de Janeiro: ed. UERJ, 2010, p. 100.

e a tutela social ideal que possa permitir a inclusão de trabalhadores e redução de desigualdade social, fundamentos estes que são eixos necessários da evolução econômica e social pregados pelos entes internacionais e a agenda de 2030. Em síntese, há dúvidas sérias se as reformas na legislação trabalhista nacional efetivamente têm contribuído para a tutela dos trabalhadores e o equilíbrio entre as relações sociais e econômicas, com vistas ao desenvolvimento sustentável do País.

O que se pretende no momento e após tantas turbulências do mercado é justamente resgatar, ou simplesmente encontrar, um modelo que seja mais coerente e inclusivo; que possa servir como ferramenta contra a desigualdade e a informalidade, males estes que representam um verdadeiro câncer para a política econômica e social.

O Estado deve recuperar seu papel de interventor nas políticas econômicas e buscar, nos processos de globalização, utilizar as conquistas trazidas pelos processos e avanços tecnológicos para dar um enfoque novo ao desenvolvimento econômico a fim de que possa trabalhar em benefício do desenvolvimento social. Todavia, este processo deve ser garantido por uma governança adequada e o diálogo entre os atores sociais. Tanto assim que, após um discurso de que o liberalismo seria a salvação de todos os males, em que o Estado deveria ter uma mínima participação na movimentação dos mercados, as crises de 2008 e, especialmente, de 2019 demonstraram que a intervenção estatal é necessária e que o Estado é um "mal necessário" que deve assegurar o sistema capitalista e a ordem social. Assim que:

> o capitalismo praticado pelas nações do planeta não é mais essencialmente liberal-individualista, tendo inclusive, pois, agregado notas próprias do socialismo, sem que para este pretende caminhar. É o caso da adoção de valores como o respeito à função social da propriedade e a defesa de investimentos estatais em políticas sociais de educação, saúde e saneamento, sem se falar da própria ampliação interventiva do Estado[12].

É dentro desse contexto que o Fórum Econômico Mundial vem propondo o modelo da *Globalización 4.0* que, segundo Winnie Byanyima, diretor executivo da Oxfam Internacional "puede tener un futuro brillante si nos liberamos de la injusticia del passado". A proposta é de se imaginar um mundo:

> en el que se respeten los derechos de las mujeres y las niñas, el cambio climático reciba la atención que requiere con tanta urgencia y se haya eliminado la pobreza. Nunca antes hemos tenido los medios que tenemos hoy para hacer realidad esta visión. En África, por ejemplo, me entusiasma ver cómo la energía solar fuera de la red se está expandiendo con rapidez. En Kenia, la banca móvil ha mejorado la inclusión financiera de manera significativa, en especial para las mujeres pobres. Estas y otras tecnologías asociadas con la cuarta revolución industrial (Fourth Industrial Revolution, 4IR) tienen el potencial de aumentar la productividad, los ingresos y el tiempo libre para los trabajadores, y al mismo tiempo descarbonizar nuestras economías y liberar a las mujeres del peso del trabajo de asistencia no remunerado. Sin embargo, para hacer realidad

---

[12] RAMOS TAVARES, André. *Direito Constitucional Econômico*. São Paulo: Ed. Método, 2003, p.46.

este potencial, tendremos que adoptar un enfoque completamente nuevo de la globalización[13].

Propõe-se uma nova arquitetura, em que a nova ordem reclama um retorno ao controle estatal, garantindo-se, assim, que o mundo possa ser mais cooperativo. A proposta do Fórum Econômico Mundial é justamente abrir a economia através de um novo pacto social, estimulando os países mais ricos a ajudar os em desenvolvimento, abrindo as fronteiras de modo a permitir que a globalização e o avanço tecnológico promovam o crescimento das nações e, ao menos, reduzam as desigualdades, permitindo que as pessoas possam ter uma vida digna, colaborando assim para o progresso mundial[14].

É necessário envidar esforços para inviabilizar as tentativas ou ocorrências de *dumping* econômico e social. Os países mais pobres devem ser vistos como parceiros que geram oportunidades e não como um problema a ser suportado pelos mais ricos.

---

[13] BYANYIMA Winnie. La globalización 4,0 puede tener un futuro brillante, si nos liberamos de la injusticia del pasado. *World Economic Forum*, [Estados Unidos?], 9 janeiro 2019. Disponível em: https://es.weforum.org/agenda/2019/01/la-globalizacion-4-0-puede-tener-un-futuro-brillante-si-nos-liberamos-de-la-injusticia-del-pasado/#:~:text=financieros%20y%20monetarios-,La%20Globalizaci%C3%B3n%204.0%20puede%20tener%20un%20futuro%20brillante%2C%20si%20nos,de%20la%20injusticia%20del%20pasado&text=Imagine%20un%20mundo%20en%20el,se%20haya%20eliminado%20la%20pobreza. Acesso em: 3 jun. 2019.

[14] O que se anuncia, atualmente no Brasil, é uma política que aparentemente estaría contrariando a tendencia mundial quanto ao Estado mais interventor, conforme se ve nas impressoes a respeito das declaraçoes do Ministro da Economia Paulo Guedes: "com suas ideias neoliberais, o governo precisa parar de investir em cima dos pobres, do funcionalismo e do Estado e fortalecer o capital privado. Por isso, o governo deve vender as suas empresas como Eletrobrás, Correio, Banco do Brasil, Caixa Econômica, Aeroportos, Petrobrás, SUS, Privatização das Universidades Públicas, etc., para o capital privado. Desde a Reforma da Previdência, das Mudanças Trabalhistas dando pouca importância aos pobres trabalhadores, o ministro vem mostrando a sua ojeriza aos pobres ao dizer "que o trabalhador pode e deve aposentar com 80, 90 anos.". OLIVEIRA, Juarez de. Paulo Guedes, Ministro da Economia, que odeia os pobres do Brasil. Pingos e Respingos, [S.I.], 23 julho 2021. Disponível em: https://pingoserespingos.wordpress.com/2021/07/23/paulo-guedes-ministro-da-economia-que-odeia-os-pobres-do-brasil/. Acesso em: 1º set. 2021.

Todavia, é imprescindível que os países tenham em conta a ausência de fronteiras para os movimentos globais incrementados pela tecnologia, bem como as consequentes questões que surgem destes movimentos globais, seja nos aspectos tributários, da concorrência que gera o e-commerce, dos movimentos de trabalhadores, físicos e virtuais, e do grande mercado informal descontrolado que pode levar a precarização às suas últimas consequências.

Por exemplo, no Equador, entre 2001 e 2010, a população de colombianos e peruanos se triplicou:

> la población colombiana representa la mitad, con cerca de 90.000 personas, mientras que los peruanos están bastante más atrás, con cerca de 16.000 personas. Pero hay que tener presente que las cifras oficiales varían según las fuentes de información, y además presentan importantes subregistros. La información censal también muestra que la migración desde países vecinos se ha feminizado, sobre todo en el caso de la migración colombiana, donde las mujeres representan el 52% de toda la población de Colombia en Ecuador (Herrera, Moncayo y Escobar 2012). Si se toman otras fuentes de información se podría argumentar que los movimientos de colombianos y peruanos a Ecuador son mucho más numerosos. De acuerdo con las estadísticas del Ministerio del Interior y sus Unidades de Control Migratorio, entre 2000 y 2015 se produjo un saldo migratorio (diferencia entre ingresos y salidas) de 941 mil colombianos y 714 mil peruanos[15].

---

[15] Población, Disponível em: http://www3.eurosur.org/FLACSO/mujeres/colombia/demo-1.htm. Acesso em: 3 jan. 2021.

Um dos fatores que atraiu os investimentos à economia equatoriana foi justamente a sua dolarização, seduzindo imigrantes que viam um mercado mais flexível.

No Brasil, um fenômeno parecido ocorre, provocando a migração de bolivianos, haitianos e venezuelanos que veem uma oportunidade de vida melhor deste lado da fronteira. São tidos, ainda, como uma mão de obra mais qualificada que a brasileira, mas flexível e mais atrativa. Além disso, muitas vezes representam a mão de obra informal e a ausência de documentação acaba por ser um fator que alimenta as contratações irregulares e precárias, causando concorrência desleal entre os próprios trabalhadores e as empresas que se recusam a trabalhar na ilegalidade. Como se vê, a ausência de regulamentação, fiscalização e burocracia pode causar outros problemas transversais que vão afetar diretamente a economia e o mundo do trabalho.

1.4 Uma pequena consideração no cenário trazido com a crise sanitária

Não se pode esquecer que a covid-19 apressou os avanços dos processos tecnológicos e está levando as empresas à virtualização necessária dos negócios. Vendedores, compradores e consumidores estão preferindo os negócios B2B (*business to business*) e B2C (*business to consumer*) e apenas entre 20% e 30% daqueles primeiros esperam que as vendas presenciais retornem, ao passo que os demais preferem seguir com os negócios com interações humanas remotas ou self-service (68% a 84%). Segundo a assessoria MacKinsey, “os tomadores de decisão B2B no Brasil afirmam que as vendas remotas e online são tão eficientes quanto o engajamento pessoal – ou mesmo mais efetivas –, tanto para contatar e atender os clientes atuais como para conquistar novos consumidores"[16]. Com o otimismo do mundo digital que se vislumbra, evidentemente que isso já repercuti nas relações de trabalho e, dentro do contexto da globalização cada vez mais intensa, resulta numa maior concorrência entre empresas e, por consequência, maior mobilidade entre bens, serviços e capitais afetando o mercado de trabalho. A formação do trabalhador também terá grandes repercussões no desenvolvimento econômico e social. Tais concorrências são geradas não só nos chamados trabalhos diretos, mas também naqueles que subministram mão de obra externa, num universo em que aqueles que não possuem a qualificação exigida pelos mercados disputam postos de trabalho tradicionais que já se mostram escassos, seja pelo desinteresse das empresas em virtualizá-los em razão da disparidade entre os valores de investimentos em comparação com o valor da mão de obra cobrada, seja em razão da substituição de postos de trabalho pelas novas tecnologias e inteligência artificial. Além disso, segundo aponta a OIT, os mercados laborais na América Latina retrocederam dez anos em razão da crise trazida pela pandemia, disparando o desemprego. A OIT propõe algumas medidas que seriam essenciais para recuperação, entre elas medidas de impulso ao empreendedorismo, inserção do país num modelo tecnológico sustentável e na política econômica internacional.

A reforma trabalhista de 2017 teve por fim provocar alguma revisão nos direitos individual, coletivo e processual, e acabou por atingir algumas legislações esparsas como a lei do FGTS. Também intentou regular a chamada externalização da mão de obra (ou terceirização como apontado na jurisprudência e doutrina brasileira).

---

[16] CANELA, Adriano; CARLUCCIO, José; DAMPIERRE, Guillaume de; FURTADO, Bruno. Como a Covid-19 acelerou as mudanças no cenário de vendas B2B no Brasil. *McKinsey & Company*, [Rio de Janeiro], 11 janeiro 2021. Disponível em: https://www.mckinsey.com.br/our-insights/how-covid-19-has-accelerated-changes-in-the-b2b-sales-landscape-in-brazil. Acesso em: 15 jan. 2021.

Em 20/09/2019, o governo publicou a lei de liberdade econômica com viés destinado a desburocratização de várias medidas que são tidas como gargalos pelos organismos internos e internacionais entre eles, por exemplo, registros de jornadas e de trabalhadores. Não obstante as várias críticas à lei, há pontos importantes que permitiram, por exemplo, a CTPS digital, o fato de que a informação do número do CPF é equivalente a apresentação da CTPS (art. 15), o registro de ponto por exceção (art. 15); sistema simplificado de escrituração digital de obrigações trabalhistas (art. 16); admissão de documentos digitais e digitalizados (art. 17), além de revogar outros artigos que poderiam trazer conflitos ou que já não eram aplicáveis na prática como, por exemplo, 417 a 422 e 30 a 34, CLT, cuja matéria relaciona-se a CTPS e respectivas anotações.

A lei de liberdade econômica tem mais pontos positivos que negativos, todavia, se viu afetada pela crise sanitária. Como ensina Flavio Tartuce, não se pode dizer que tenha afetado a lei trabalhista, até porque a intenção da lei não foi alterar contratos de adesão, mas, sim, permitir a aplicação em grandes contratos e grandes disputas, sendo certo que a lei previu uma menor intervenção, como é normal acontecer, quando há pessoas de grandes portes nos polos contratuais, situação que já era acenada pela melhor doutrina e jurisprudência. Daí a necessidade de desmistificar que a referida lei teve por fim regulamentar ou interferir nas relações entre trabalhador subordinado e empregador[17].

Não se pode afirmar que as reformas havidas visaram necessariamente reduzir direitos, até porque o mínimo está garantido pela Constituição Federal. Todavia, é certo que há algumas tentativas

[17] TARTUCE, Flavio. A Lei da Liberdade Econômica e os Contratos — Universidade LaSalle. Aula no YouTube, 26 abril 2021. Disponível em: https://youtu.be/uZLufwo6dkI. Acesso em: 30 ago. 2021.

de precarizar relações de trabalho que não estão previstas na lei ordinária, o que vem sendo tentado, especialmente, por meio de conversões de medidas provisórias que se destinaram a regulamentar as situações de urgência no período da pandemia[18]. Mas houve uma valorização da negociação coletiva se se considera que o legislador em alguns pontos da reforma privilegia aquilo que for negociado pelas entidades sindicais e, como toda reforma liberal, procura flexibilizar conteúdos contratuais, como ocorre com a ausência de fixação de controle de horário no teletrabalho.

Algumas críticas podem ser feitas das reformas implementadas até agora na lei trabalhista. A primeira, é que a reforma atingiu somente o contrato subordinado, mantendo-se a desregulamentação do trabalho com uso de tecnologia e outras formas de vínculo de trabalho em que não há subordinação estrita. O legislador insiste no mesmo vício normativo, isto é, ignora que as novas organizações empresariais negociam vínculos e formas contratuais distintas de modo que vários tipos de trabalhadores; ficam marginalizados especialmente aqueles que se formaram em razão da flexibilização da legislação subordinada. O segundo ponto é que as reformas não estão dialogando com as questões econômicas e sociais, e a maior constatação sobre isso é

---

[18] Veja a Nota técnica nº 1.045/2021 da Ordem dos Advogados de São Paulo que registra: "A medida provisória no 1045/2021 encaminhada pelo Poder Executivo Federal tinha como objetivo a extensão dos programas emergenciais disciplinados na lei no 14.020/2020 (originária da MP 936) baseada no Decreto-Legislativo 06/2020. No entanto, no trajeto legislativo, a MP 1045/2021 foi desfigurada, adotando-se o inconstitucional procedimento denominado "contrabando legislativo", que viola o princípio democrático e o devido processo legislativo (art. 1o, *caput*, parágrafo único, 2o, *caput*, 5o, *caput* e LIV da C.F.), através do qual passou a tratar de temas e matérias estranhas e sem pertine^ncia temática com o objeto normativo original (ADI 5127/DF). Para tanto, foi apresentado o Projeto de Lei de Conversão contendo 96 artigos, tratando de maneira extremamente ilógica e confusa, distintas e desconexas matérias relacionadas ao direito processual, direito trabalhista, direito tributário, jornada de trabalho de categorias diferenciadas e outros pontos". Nota Técnica (17/8/2021). Disponivel em: https://jornaldaadvocacia.oabsp.org.br/wp-content/uploads/2021/08/Nota-Tecnica-sobre-o-PLC-da-MP-1045-2021.pdf. Acesso em: 26 ago. 2021.

que na crise pandêmica questões que estavam latentes, mas não resolvidas, geraram discussões tremendas e impasses desnecessários caso houvesse uma legislação mais equilibrada, exemplos disso são as disposições sobre teletrabalho, compensação de jornadas de trabalho e eficácia de acordos individuais e coletivos[19].

É certo que, com a ocorrência da crise sanitária, houve a necessidade de se publicar normas transitórias para a situação emergencial. Todavia, rachaduras que se vê no direito do trabalho nacional emergiram e se acentuaram ainda mais, de modo a merecer a sugestão de publicação de um Decreto que possa: i) revisar e consolidar 31 decretos relativos à legislação trabalhista; ii) instituir um Programa Permanente de Consolidação, Simplificação e Desburocratização de Normas Trabalhistas; iii) Instituir um "*Prêmio Nacional Trabalhista*".

Isso significa, em uma síntese muito apertada, que os embates entre capital e trabalho subsistiram com os discursos do início do século XX; os trabalhadores subordinados têm suas relações cada vez mais flexibilizadas e os trabalhadores não subordinados seguem marginalizados e são tratados como donos de seus próprios negócios, com a promessa de alcançarem o status de donos de seus próprios negócios ao mesmo tempo que se lhes exige sujeitarem-se a organizações empresariais típicas efetivamente autônomas. O que se poderia afirmar é que, até o momento, não houve um consenso nem o país foi capaz de encontrar um equilíbrio normativo e segurança jurídica que possam dar respostas à agenda do trabalho decente ou aquela estabelecida pela OIT no seu centenário no informe sobre

---

[19] NAHAS, Thereza; MARTINEZ, Luciano. Considerações sobre as medidas adotadas pelo Brasil para solucionar os impactos da pandemia do COVID-19 sobre os contratos de trabalho e no campo da Seguridade Social e da de prevenção de riscos laborais. *Cielo Laboral*, [S.l], 2020. Disponível em: http://www.cielolaboral.com/wp-content/uploads/2020/04/brasil_noticias_cielo_coronavirus-3.pdf. Acesso em: 16 jan. 2020.

o *Futuro do Trabalho e Futuro do Trabalho no Brasil*[20]; as empresas terão que seguir a marcha da sujeição a uma concorrência desleal estabelecida pelas "regras" do mercado global, sem que se observe as orientações de organismos econômicos, como o Banco Mundial[21], a Organização para a Cooperação e Desenvolvimento Econômico (OCDE)[22] e o próprio Bando de Desenvolvimento Nacional[23]. A questão vai além de regulamentações normativas para alcançar o necessário diálogo harmônico entre os poderes estatais, atores sociais e entidades de classe capaz de trazer o mínimo de segurança jurídica para as relações.

Há no Brasil vários "Brasis" e enquanto não houver políticas públicas que possam agasalhar esta diversidade de modelos, culturas e desigualdade econômica, as reformas pontuais serão como gotas homeopáticas.

---

[20] INCEPTION Report for the Global Commission on the Future of Work. *OIT*, Gênova, 2017. Disponível em: https://www.ilo.org/wcmsp5/groups/public/---dgreports/---cabinet/documents/publication/wcms_591502.pdf. Acesso em: 14 mar. 2022.

[21] BROAD-BASED Upturn, but for How Long? *Global Economic Prospects*, [S.l.], [2022]. Disponível em: https://www.worldbank.org/pt/publication/global-economic-prospects. Acesso em: 14 mar. 2022.

[22] RELATÓRIOS Econômicos. *OCDE*: Brasil, 2018. Disponível em: https://www.oecd.org/brazil/. Acesso em: 14 mar. 2022.

[23] O CRESCIMENTO da Economia Brasileira (2018/2023). [Brasília], *BNDS*, 2018. Disponível em: https://web.bndes.gov.br/bib/jspui/handle/1408/961. Acesso em: 14 fev. 2022.

TÉCNICA UTILIZADA PELO CÓDIGO CIVIL E SUA APLICAÇÃO À CLT

2.1 Considerações gerais sobre o Código Civil

O projeto do Código Civil atual foi aprovado pela Câmara dos Deputados em 1984; a versão original apresentou-se pela primeira vez em 1972 e foi revista em 1973 pela própria comissão[24].

Houve razões importantíssimas, de ordem histórica, para que ocorresse a demora na aprovação, sendo que uma das principais foi a transição do regime militar para o democrático. Além disso, o projeto do Código passou por profundas alterações que vão desde sua estrutura até a regulamentação de matérias fundamentais à vida individual e em sociedade.

---

[24] O anteprojeto do Código Civil foi publicado no *Diário Oficial*, em 7 de agosto de 1972, resultando dos esforços de juristas como Miguel Reale, José Carlos Moreira Alves, Agostinho de Arruda Alvim, Sílvio Marcondes, Eberti Chamoum, Clóvis do Couto e Silva, Torquato Castro.

Lembra Ricardo Fiúza que, na exposição de motivos do Projeto em 1972, o Prof. Miguel Reale assim disse:

> Se foi mantido o modelo do Código de 1916, foram introduzidas, todavia, notáveis modificações na Parte Geral, enriquecida por vários dispositivos, a começar pelos concernentes aos direitos da personalidade, consoante vem sendo reclamado pela doutrina nacional e estrangeira, e já é objeto de disciplina nas mais recentes codificações.[25]

Assim, após diversas alterações, críticas e estudos, a Lei Civil veio a ser aprovada em 10/01/2002, data de sua publicação, entrando em vigor em 10/01/2003, com *vacatio legis* de doze meses. Infere-se de sua redação a utilização da técnica do legislador italiano de 1942, adotando-se parcialmente a tese monista de unificação do direito das obrigações. Houve, ainda, inspiração na legislação alemã, especialmente no que concerne à organização do Código.

O projeto original foi alterado, principalmente porque o legislador passou a optar por uma sistemática de microssistemas como, por exemplo, o destinado às relações de trabalho, consumo e locação. Assim, deixou ao direito privado uma regulamentação geral e criou sistemas paralelos em atendimento mais eficaz aos reclamos sociais e que pudessem atender à sociedade de massas que se formou.

Naquela época, propugnava-se por um sistema mais eficiente de direito, visando à regulamentação das relações privadas, com conotação mais inclinada para o social e menos para o individual. A socialização do direito nada mais significa do que a garantia do

---

[25] FIÚZA, Ricardo. Novo Código Civil: principais alterações na Parte Geral. *Jus Navigandi*, Teresina, ano 5, n. 47, 2000. Disponível em: http://www1.jus.com.br/doutrina. Acesso em: 28 jan. 2003.

próprio direito individual, estando já consagrada e reconhecida a pessoa humana.

O direito português que influenciou a legislação brasileira por razões históricas e de regulamentação[26] poderia servir de paradigma a estas linhas de observação. João de Matos Antunes Varela colocou em relevo em seu discurso de apresentação perante a Assembleia Nacional Portuguesa as diretrizes fundamentais do Projeto lá apresentado, ressaltando, entre outras, as seguintes:

> 1ª A acentuação social, ainda moderada, do direito privado moderno, a qual se traduz no criterioso cerceamento dos princípios da liberdade negocial e da autonomia da vontade, no apreciável engrossamento das regras imperativas destinadas a esconjurar os perigos da desigualdade econômica ou social ou sujeitos da relação jurídica, no maior relevo concedido aos ditames da boa-fé e aos postulados da justiça comutativa, e ainda no apelo mais freqüente que a lei faz aos juízes de eqüidade do julgador; 2ª A reacção contra o positivismo jurídico, expressa na confissão aberta, franca, da insuficiência da lei perante os problemas sujeitos ao império do direito, na relevância jurídica de outros complexos

[26] Lembra-nos Eduardo Espínola que o manancial mais importante de direito civil vigente no Brasil foram as Ordenações Filipinas, tendo D. Pedro I prometido, em 25/3/1824, sob o juramento da Constituição então promulgada, um código civil e criminal. Este último veio em 1830; em 1850, parte do direito privado foi codificada no Código Comercial e as relações comuns continuaram a ser reguladas por legislação anacrônica. O primeiro projeto de código civil foi idealizado por Teixeira de Freitas em 1858, e, após diversas divergências e outros três projetos – de Nabuco de Araújo, de 1878, encomendado em 1872; de Felício dos Santos, iniciado em 1878; e de Coelho Rodrigues, iniciado em 1890 e concluído em 1893 –, é que se encomendou, em 1889, o Projeto do Código de 1916 a Clóvis Beviláqua. Este último submeteu o Projeto ao Congresso em 1900 e teve seu primeiro parecer com muitas alterações que lhe foram introduzidas em 18/1/1902. Só em 1912 o Senado remeteu o Projeto à Câmara, após alterações, discussões e pareceres contra e a favor (a maior parte das emendas referia-se à redação). Em 1915, a Câmara decidiu aprovar a maior parte das emendas do Senado. Somente após a reunião das comissões do Senado e da Câmara é que, em dezembro de 1915, aprovou-se a redação definitiva, sendo sancionado e promulgado o Decreto 3.071, em 1º/1/1916, que dispunha sobre o Código Civil, com *vacatio legis* de um ano (ESPÍNOLA, Eduardo. *Sistema do direito civil:* edição histórica. Rio de Janeiro: Editora Rio, 1977, p. 9-21).

> normativos e no reconhecimento da existência de outras ordens disciplinadoras da conduta humana dentro do espaço normalmente reservado à legítima soberania do Estado.[27]

As mudanças sociais, econômicas, políticas e jurídicas abrem um grande leque para regulamentação de relações que estejam mais voltadas ao atendimento dos reclamos sociais e supranacionais. Os direitos mínimos ganham um núcleo duro que deve ser preservado pelos governos, sem o que o Código Civil na sua redação atual aponta para um certo *distanciamento* das relações puramente individuais que motivaram as codificações de direito privado sem, contudo, ignorá-las, viabilizando que a interpretação dos negócios jurídicos sempre fosse considerada dentro de um juízo de equidade das partes pactuantes.

Todavia, com o avançar do desenvolvimento social, econômico, jurídico e político, foram sendo instituídos microssistemas que pudessem atender a peculiaridades de negócios jurídicos que já não se adequavam às regras gerais da igualdade das partes típica da regulamentação tradicional. Não somente o sistema específico dos microssistemas, mas o sistema codificado do Código Civil já não suporta o totalitarismo das rígidas descrições legais de suas origens. Ao contrário, está aberto para a mobilidade social e tem por fonte primária a Constituição Federal com seus variados tipos abertos, princípios e regras que deverão constituir a base da ordem interna.

2.2 Dos microssistemas

Os microssistemas criados tiveram em mira, justamente, respaldar de forma mais eficiente relações fáticas específicas e que

---

[27] VARELA, João de Matos Antunes Varela. *Do projecto ao Código Civil*. Lisboa: Imprensa Nacional de Lisboa, 1967, p. 15-17.

reclamavam peculiaridades que não se acomodariam na regra geral, o que causava, inclusive, dificuldade na aplicação subsidiária do modelo originário do Código Civil para casos específicos. Daí que o sistema do Código Civil em vigor foi justamente de guardar uma estrutura mais aberta e maleável, não só para os casos específicos de sua aplicação, bem como que permitisse a aplicação harmônica entre sistema e microssistemas. É necessário que o sistema seja claro, seguro e capaz de imprimir, no espírito do intérprete, coerência, atualidade e flexibilidade às mudanças sociais cujo ritmo de transformação é incompatível com o moroso processo legislativo.

Os Códigos atuais devem servir a regulamentação das sofisticadas e complexas relações jurídicas que se estabelecem na sociedade, cujas mudanças não se coadunam com o modelo sob que se formaram nos séculos anteriores. Assim que os Códigos construídos no século XXI devem:

> ser uma concretização do Estado de Direito, como limite e como um projeto constitucional. O limite ao poder estatal deve refletir-se nas disposições relativas à liberdade e à capacidade dos indivíduos, à organização autônoma da vida familiar e aos direitos personalíssimos. Assim, também o controle do poder econômico deve ser introduzido em regras que protejam a vulnerabilidade do consumidor e o abuso de posição dominante, a vulnerabilidade perante o poder tecnológico e a vulnerabilidade cognitiva em disposições de proteção do profano diante do especialista; o direito à imagem, a regulação da publicidade indutiva ou a contratação na internet. Quanto ao sistema social, juntamente com o reconhecimento dos direitos individuais tradicionais, também deve haver um limite estabelecido pelo princípio da sociabilidade dos direitos e seu controle através da boa-fé e do abuso do direito. Em relação ao

sistema econômico, existem os direitos contratuais e de propriedade individual, mas também a necessidade de coordenação com o mercado através do controle de abuso de posição dominante e a fraude à lei[28].

As relações trabalhistas foram tratadas dentro de um microssistema próprio desde 1943, de modo que o legislador, considerando a especificidade das relações de trabalho subordinado e a absoluta desigualdade das partes negociais, não as podia relegar à aplicação de igualdade de partes no âmbito da codificação civil de 1919. Em razão da especialidade que a Consolidação lhes deu, poder-se-ia dizer que o direito do trabalho teria deixado de pertencer ao direito privado, seja pela intenção de desvincular a relação trabalhista de uma vez por todas dos princípios individualistas do direito privado; ou, simplesmente, por não conseguir enquadrá-lo na sistemática daquela relação, especialmente, em razão da desigualdade das partes negociais e peculiaridades das condições da prestação de serviço estabelecida. Era necessário um sistema próprio que pudesse receber as regras predeterminadas, quer pelo contratante, quer pela exigência da situação em si da prestação de serviço contratada.

O direito do trabalho é peculiar. Ao se considerar o direito individual relativo às regras de natureza contratual, se pode dizer que suas características seriam privadas. Todavia, a se considerar a parte destinada a saúde e segurança do trabalhador, já se identifica vários aspectos que estariam dentro do direito púbico, como, por exemplo, a parte relativa à fiscalização pelo agente público e os procedimentos que esta ação pode desencadear. A parte processual é pública, ao menos no que concerne ao procedimento que se estabelece nos

---

[28] LORENZETTI, Ricardo Luis. A Codificação do Direito Privado no Século XXI. *In:* MARQUES, Claudia Lima (coord.). *Direito Privado e Desenvolvimento Econômico.* São Paulo: Thomson Reuters Brasil, 2019.

Tribunais e a parte coletiva estaria numa linha divisória entre o público e privado e pela dimensão que apresenta se adequaria melhor num contexto social em que se mesclam os dois polos.

Longe de pretender estabelecer um enquadramento a este microssistema, o que cumpre dizer é que a proteção legislativa que se estende à relação de emprego no direito nacional preocupa-se unicamente com o trabalhador subordinado no contexto da relação de trabalho assim definida na CLT, restando marginalizadas as demais relações em que a prestação de trabalho, especialmente o semidependente que não ganhou, até o momento, qualquer preocupação do legislador.

É certo que o direito do trabalho poderia servir para solucionar questões relacionadas ao grande universo de microempreendedores individuais que vem ganhando cada dia mais um terreno maior, por várias razões que não cabe aqui discutir, mas que, na verdade, trata-se de verdadeiros trabalhadores e não empreendedores ou empresários como na origem deveriam se formar. Ocorre que a legislação de 1943 não alcançou tutelar outras formas de prestação de serviços, e os negócios jurídicos que firmam no mercado de trabalho serão resolvidos pela Lei nº 123/2006 e pelas regras do Código Civil, não havendo espaço legislativo tipicamente trabalhista que possa agasalhar suas causas.

Portanto, como se vê, ao menos desde a criação do projeto do Código Civil, há a intenção de intervenção do Estado na regulamentação das relações jurídicas, fato este que acaba por ser flexibilizado com a lei nº 13.874/2019 que tratou da liberdade econômica e teve como princípio norteador a liberdade para o exercício da atividade econômica, a boa fé e o reconhecimento de que o particular é vulnerável perante o poder Estatal. Portanto, as regras de intervenção que eram típicas de direito do trabalho e do direito do consumidor passaram, num primeiro momento, a ser também aplicáveis à relação de natureza civil e empresarial e, a partir da lei supracitada, a interpretação dos negócios jurídicos ganharam nova interpretação e uma menor intervenção estatal ante a desburocratização e liberdade econômica traçada.

O surgimento das sociedades de massas e a necessidade de o Estado manter o controle sobre a produção e ordem econômica implicou a mudança dos ordenamentos internos. O modelo de liberdade econômica implementado no ocidente na década de 70 foi amplamente questionado na crise das *subprimes* de 2008 e, na crise atual originária da pandemia passou por maior crítica: é necessário a ação intervencionista do Estado para tutela do social e é necessário que o Brasil tenha menos burocracias e maior flexibilidade para negócios e a atuação das partes seja no âmbito do direito individual como no âmbito do direito coletivo. Tal intervenção não significa que se mutile o pluralismo jurídico, ao contrário, representa seu próprio fortalecimento, permitindo a participação estatal e a garantia dos próprios direitos individuais e coletivos, reconhecidos na Carta Constitucional. Tal intervenção deve garantir a redução das tensões entre o social e o econômico e permitir o crescimento e desenvolvimento sustentável nacional[29].

---

[29] Foi publicado o Decreto 10.531/2020 que "define uma visão de longo prazo para a atuação estável e coerente dos órgãos e das entidades da administração pública federal direta, autárquica e fundacional (...) A EFD contempla o cenário macroeconômico para os próximos 12 anos e está organizada em cinco eixos: econômico, institucional, infraestrutura, ambiental e social. Para cada um desses eixos foram instituídos índices-chave e metas-alvo, que deverão ser alcançados ao final do período, bem como desafios, diretrizes e orientações sobre o que fazer para chegar lá". GOVERNO federal apresenta estratégia de desenvolvimento para o país até 2031. Brasília, *Governo Federal*, 27 outubro 2020. Disponível em: https://www.gov.br/economia/pt-br/assuntos/noticias/2020/outubro/governo-federal-apresenta-estrategia-de-desenvolvimento-para-o-pais-ate-2031. Acesso em: 2 fev. 2021.

Não é por outra razão que estabeleceu a função social do contrato e da propriedade e unificação da teoria do direito das obrigações. Nesse diapasão, nos ensina o Prof. Miguel Reale que:

> em um País há duas leis fundamentais, a Constituição e o Código Civil: a primeira estabelece a estrutura e as atribuições do Estado em função do ser humano e da sociedade civil; a segunda se refere à pessoa humana e à sociedade civil como tais, abrangendo suas atividades essenciais. É claro que nas nações anglo-americanas, de tradição costumeira-jurisprudencial, não há códigos privados, mas não deixa de haver normas civis básicas no sistema do ***common-law*** (...). É a razão pela qual costumo declarar que o Código Civil é "a constituição do homem comum", devendo cuidar de preferência das normas gerais consagradas ao longo do tempo, ou então, de regras novas dotadas de plausível certeza e segurança, não podendo dar guarida, incontinenti, a todas as inovações ocorrentes. Por tais motivos não há como conceber o Código Civil como se fosse a legislação toda de caráter privado, pondo-se ele antes como a "legislação matriz", a partir da qual se constitui "ordenamentos normativos especiais" de maior ou de menor alcance, como, por exemplo, a lei das sociedades anônimas e as que regem as cooperativas, mesmo porque elas transcendem o campo estrito do Direito Civil, compreendendo objetivos e normas de natureza econômica ou técnica, quando não conhecimentos e exigências específicas[30].

As normas sobre interpretação ganham um ingrediente relacionado às questões coletivas. Lembre-se que o texto constitucional

---

[30] REALE, Miguel. Visão geral do Projeto de Código Civil. *Jus Navigandi*, Teresina, ano 4, n. 40, 2000. Disponível em: http://www1.jus.com.br/doutrina. Acesso em: 26 jan. 2003.

de 1988 foi publicado num contexto histórico em que se buscava maior liberdade e garantia de direitos individuais e sociais com ingerência responsável e efetiva do Estado. Pode-se afirmar que em 1988, com a promulgação da Carta Constitucional, o Brasil marca o início da sua democracia e assume a responsabilidade, interna e internacional, de ser, efetivamente, um Estado Democrático de Direito. O princípio do devido processo legal, mais do que nunca, é voltado à garantia dos direitos materiais e da realização da norma objetiva. Nas palavras de João de Matos Antunes Varela:

> os códigos não são meras exposições académicas de princípios, em que o autor se limite a proclamar a boa doutrina, sem a pretensão de impor a sua observância a quem quer que seja. Muito pelo contrário, a lei é um instrumento prático de acção, posto ao serviço de uma ou mais vontades a que os preceitos constitucionais outorgam foros de soberania. É o meio normal de expressão de um pensamento, mas de um pensamento real, concreto histórico, nascido na inteligência de quem compõe, assina ou vota o texto legal, e não na pura representação gráfica de uma vontade ficta, abstracta, insuflada de fora para dentro nas entranhas impostas da lei. Sem a força e a musculatura que lhe dá a vontade real do autor, a lei assemelhar-se-ia a um peso morto, a um simples esqueleto de regras, não seria o corpo vivo, actuante, de que o organismo social carece para assegurar a disciplina do seu desenvolvimento[31].

Assim, importa ressaltar que o direito do trabalho nacional está subordinado ao sistema unificado de obrigações criado pelo

---

[31] VARELA, 1967, p. 24-25.

sistema geral especialmente em razão da previsão do art. 8º da CLT que determina que a lei geral será a primeira fonte de interpretação da lei especial. Entenda-se por direito comum, na atual sistemática, a permissão de aplicação supletiva e subsidiária, premissas estas ratificadas pelo CPC de 2015 que expressamente fez constar este mandamento no art. 15 no que concerne ao sistema geral do processo não penal.

Todavia, neste contexto de intepretação, deverá ser levado em conta que inclusive os microssistemas fundados nos mesmos princípios e originados do sistema geral devem dialogar, sendo absolutamente coerente que o intérprete busque a fonte na norma especial mais próxima em razão da ordem normativa da lei geral que estabelece o respeito pela atenção ao art. 5º da lei de introdução ao direito brasileiro que ordena que *o juiz atenderá aos fins sociais a que ela se dirige e às exigências do bem comum*. Para tanto, é necessário que se atente aos instrumentos supletivos/subsidiários que tenham o mesmo princípio norteador especialmente quando os microssistemas têm origem de um tronco comum, como é o caso das relações do trabalho e do consumidor.

2.3 Cláusulas gerais e conceitos legais indeterminados

O direito não é um conjunto de normas isolado. Vivendo num sistema unificado, há maior razão para se aplicar normas e interpretações que não se repelem, sem olvidar que a proteção constitucional que se estende à ordem econômica do Estado traz como princípio, entre outros, a *busca do pleno emprego* (art. 170, VII).

Notas características dessa socialização se encontram em diversos pontos do novo Código, sendo que há duas regras que retratam com fidelidade este caráter do direito privado, quais sejam, as cláusulas gerais e conceitos legais indeterminados que conferem ao operador o poder de interpretação e aplicação da norma num contexto que vai além das fronteiras das normas rígidas, permitindo uma atualização constante do conteúdo normativo. O CDC e a CLT trouxeram normas que permitem o justo equilíbrio entre as partes contratantes em uma relação que uma delas estaria inquestionavelmente em desvantagem, mas o Código Civil ampliou aquela abertura, deixando clara a opção do legislador por normas de conteúdo aberto, servindo melhor à adequação de relações modernas, já que é indiscutível que o processo legislativo não pode acompanhar a dinâmica da sociedade.

Poder-se-ia dizer que quiçá os juízes não estivessem preparados para receber tamanho poder, o que se verificou na reforma trabalhista de 2017 em que o legislador tentou em diversas passagens limitar a interpretação do julgador quando diante do caso concreto. Todavia, é certo que os juízes são representações do Estado, que no exercício da jurisdição exercem poderes que a soberania estatal lhe conferiu para manter a ordem interna. A jurisprudência tem um relevante papel de sistematização e interpretação do direito, bem como na uniformização da interpretação da norma jurídica a nível local e regional, fato este que cresceu com as regulamentações trazidas no CPC de 2015 que, com os vários instrumentos de uniformização de jurisprudência, visou imprimir maior celeridade e segurança processual, garantindo que as partes terão tratamento igualitários em suas pretensões semelhantes ou idênticas. Não se trata de criação de regras jurídicas, mas sim de interpretar o caso concreto no marco da lei vigente e preenchendo eventuais lacunas que são deixadas pelo legislador[32].

A inclusão no sistema ordinário, de cláusulas gerais e conteúdos legais indeterminados permite a melhor adequação da norma aos fatos sociais. Para que tais cláusulas possam ser invocadas, necessário que o seu uso seja realizado no ambiente em que ela é tratada. Assim, por exemplo, para que se trate da boa-fé na contratação, o intérprete deve estar diante de contratos. O fato legislativo é absolutamente cristalino. As novas disposições não são improvisadas. Ao contrário, foram longamente estudadas durante anos por especialistas voltados à realização de uma sociedade mais justa e um Estado mais eficiente.

Cláusulas gerais, assim, referem-se a expressões postas na legislação com conteúdos absolutamente abertos e sem previsão de resultado para a sua ocorrência. Isso possibilita que o sistema possa acolher mudanças que sejam supervenientes à norma, sem que seja necessário alterar a norma em si, posto que seu conteúdo é aberto,

---

[32] Como ja afirmei, "a chamada judicialização das decisões ocorre em razão de três grandes fatores. O primeiro em razão da abertura constitucional e a redemocratização do Estado Nacional que tem como marco a Constituição Federal de 1988 (chamada de Constitucional Democrática e que firma o tempo da democracia em nosso País). O segundo, denominado constitucionalização abrangente, concerne ao fato de haver um grande número de matérias que foram Constitucionalizadas, o que, antes era deixado para o processo infraconstitucional. A última causa se deve ao controle de constitucionalidade (...) a Constituição Federal, não obstante tenha previsto o controle concentrado de inconstitucionalidade não conferiu ao Juiz singular o poder de preencher a lacuna legislativa criando o direito a ser aplicável ao caso concreto que está julgando. É certo que a função normativa dos princípios refere-se ao processo de preenchimento de lacunas e que a Lei de Introdução ao Código Civil dispõe que o juiz não se omitirá de julgar, sendo-lhe lícito valer-se dos princípios gerais de direito, os quais, no regime atual, pode-se dizer que estão inseridos na Carta Constitucional. Todavia, a aplicação e interpretação de princípios para a normatização de uma situação não prevista ou não regulada, mas que é conexa a um direito fundamental assegurado pela Constituição, deve pautar-se em critérios que são previstos na norma Constitucional sem divorciá-los dos princípios fundantes daquela Carta". NAHAS, Thereza C. Princípios: a necessidade da compreensão da função normativa (coerência na sua aplicação e interpretação). *Revista do Tribunal Superior do Trabalho*, Porto Alegre, v. 75, n. 3, p. 45-56, 2009, p. 51 e 53.

a ponto de possibilitar a tutela de uma gama de situações e casos indeterminados. São normas de conteúdo incompleto e essa

> *incompletude* das normas insertas em cláusulas gerais significa que, não possuindo uma *fattispecie* autônoma, carecem ser progressivamente formadas pela jurisprudência, sob pena de restarem emudecidas e inúteis. Significa, também, que o juiz tem o dever, e a responsabilidade de formular, a cada caso, a estatuição, para o que deve percorrer o ciclo do reenvio, buscando em outras normas do sistema ou em valores e padrões extra-sistemáticos os elementos que possam preencher e especificar a moldura vagamente desenhada na cláusula geral (...). Os elementos que preenchem o significado da cláusula geral não são, necessariamente, elementos jurídicos, pois advirão diretamente da esfera social, econômica ou moral. O seu recebimento pela cláusula geral torna-se compreensível se tivermos presente que esta constitui um modelo jurídico complexo e de significação variável. É complexo porque, emoldurado em determinada fonte legislativa, tem a sua *fattispecie* completada por meio da concreção de elementos cuja origem imediata estará situada na fonte jurisprudencial, possuindo significação variável posto alterar-se, esta, "*em virtude de alterações factuais ou axiológicas co-naturais às relações regradas*"[33].

O novo sistema está repleto de cláusulas gerais, permitindo que o juiz possa avaliar se determinada contratação foi realizada ou não de acordo com a função social do contrato e a boa-fé, aplicando-lhe os efeitos e consequências jurídicas (art. 421, CC).

---

[33] COSTA, Judith Hofmeister Martins. O direito privado como um "sistema em construção": as cláusulas gerais no Projeto do Código Civil brasileiro. *Jus Navigandi*, Teresina, ano 4, n. 41, 2000. Disponível em: http://www1.jus.com.br/doutrina. Acesso em: 10 mar. 2003.

Quanto aos conceitos legais de conteúdo indeterminado, referem-se a expressões ou frases dispostas na lei, cujo conteúdo e extensão são absolutamente vagos e permitem, assim, a adequação à hipótese concreta, justamente porque a lacuna que apresentam serve à aplicação adequada da lei, dizendo se a norma irá ou não incidir na situação trazida. Lembra Rosa Nery que o juiz não tem nenhuma função criadora, mesmo porque o resultado já está preestabelecido na lei. É esta última que traz o conceito e as consequências que advirão da ocorrência do fato. Veja, por exemplo, a hipótese do art. 478 do Código Civil em que o legislador permite a resolução do contrato por onerosidade excessiva, conceito este que será determinado de acordo com o caso concreto e segundo as circunstâncias apuradas[34].

Essa técnica utilizada pelo legislador no novo ordenamento civil já foi outrora considerada no CDC e na própria CLT, principalmente nas questões afetas aos dissídios coletivos, em que o tribunal pode ou não aplicar normas previstas em instrumentos anteriores, aplicando a melhor norma a fim de conservar a relação de emprego.

Cláusulas gerais e conceitos legais indeterminados são ínsitos às modernas codificações e vêm sendo utilizados como técnica legislativa desde a segunda metade do século passado.

O Código Alemão de 1900 foi a grande fonte de inspiração e paradigma para o Código Civil nacional. É uma legislação que fixa de modo claro e completo ideias novas e adequadas a resolver as situações do dia a dia, com predominância das humanitárias e sociais. Tal se deve ao sistema de cláusulas gerais. A finalidade dessas normas serve justamente a evitar lacunas. E foi sob tal influência que a maior parte dos países sul-americanos, principalmente o Brasil no Código de 1916, recorreu ao

---

[34] NERY JR., Nelson; NERY ANDRADE, Rosa Maria de. *Novo Código Civil e legislação extravagante anotados*. São Paulo: Revista dos Tribunais, 2002, p. 4-7.

ordenamento alemão como modelo de legislação, seja pelo seu espírito, seja pelas inovações propostas. Ensina Victor Loewenwarter que, por:

> sus normas sorprendentemente precisas, este gran cuerpo legal formó la base para el desarrollo moderno del Derecho Civil. Este efecto revolucionario es debido ante todo a ciertas válvulas, es decir, cláusulas generales, muy elásticas, que garantizan en cada momento una jurisdicción equitativa sobre intereses contrapuestos[35].

A tentativa de se unificar o sistema de obrigações no direito brasileiro vem desde 1867 com o primeiro Projeto de Código Civil, que foi apresentado por Teixeira de Freitas. A questão da unificação dos sistemas não foi novidade à época da estruturação do Código e a discussão já se avistava. Brasilio Machado estudando o tema ressaltou que:

> a idéa de um código único em direito privado, não é receniissima e nova, como parece a Tortori, um extrenuo defensor da escola innovadora. Antes que na Allemanha—Endemann, e na Itália—Vivante dispuzessem as linhas da nova escola, no direito pátrio, alguma cousa se tentou para a organisação de um Código Geral. Foi tentativa mallograda; não echoou, nem fez proselytos; mas a concepção do systema unificador cabe indisputavelmente a um jurisconsulto brasileiro.

Para a sua memória, devemos reivindicar a honrosa precedência. Em 1867, numa proposta endereçada ao governo do império, escrevia o eminente jurisconsulto, dr. Augusto Teixeira de Freitas:

---

[35] LOEWWENWARTER, J. A. *Derecho civil alemán comparado, con las características del derecho comercial.* 2. ed. Santiago: Editorial Nascimento, 1943, p. 10.

> Não ha typo para essa arbitraria separação de leis, a que deu-se o nome de Direito Commercial ou Código Commercial; pois que todos os actos da vida jurídica, exceptuados os benéficos, podem ser commerciaes ou não commerciaes, isto é, tanto podem ter por fim o lucro pecuniário, como outra satisfação da existência. «Não ha mesmo alguma razão de ser para tal selecção de leis; pois que em todo o decurso dos trabalhos de um Código Civil apparecem raros casos, em que seja de mister distinguir o fim commercial dos actos, por motivo de diversidade nos effeitos jurídicos. «Entretanto a inércia das legislações, ao inverso do progressivo desenvolvimento das relações jurídicas, formou lentamente um grande deposito de usos, costumes e doutrinas, que passaram a ser leis de excepção, e que de leis passaram a ser códigos, com seus tribunaes de jurisdicção restricta e improrogavel. Eis a historia do Direito Commercial! Eis falsificada a instrucção jurídica e aturdidos os espiritos com a frivola anatomia dos actos até extrair-lhes das entranhas o delicado critério!"[36].

Suzy Koury constata que:

> o novo Código não logrou unificar as obrigações civis e comerciais, pois manteve a dicotomia entre empresários civis e comerciais, bem como não observou a evolução do Direito Comercial, ao manter diversos tipos societários totalmente em desuso e ao extinguir as sociedades de capital e indústria, estas sim ainda utilizadas na vida comercial. Finalmente, em que pese a unificação parcial, não persiste qualquer dúvida quanto à autonomia do Direito Comercial em relação ao Direito Civil, sendo que, mesmo na Itália, ela persiste, pois é científica, decorrendo do

[36] OLIVEIRA, Brasílio Augusto Machado de. Da Unificação do Direito Privado. *Revista da Faculdade de Direito de São Paulo*, São Paulo, v. 5, p. 135-155, 1897.

fato de as disciplinas terem institutos próprios, métodos distintos e índoles distintas"[37].

O fato de se ter unificado os sistemas não impede que se atualize a legislação dentro das necessidades sociais, além do que, permite que novos sistemas e relações jurídicas ganhem uma interpretação mais coordenada e harmônica, com o mínimo de divergências. Tanto é verdade que a estruturação da Lei de Liberdade Econômica acabou por regulamentar pontos importantes de normas que estão no grande grupo do direito privado.

2.4 Relações do direito do trabalho com outros ordenamentos

O direito do trabalho vale-se da legislação específica relativa ao trabalho subordinado e, para outas formas de trabalho em que não se encontra a subordinação, serão considerados outros ordenamentos, entre eles o Código Civil, a Lei do Microempreendedor individual, a lei de representação comercial[38] ou mesmo o Código de Defesa do Consumidor.

É certo que a CLT possui regras específicas relativas ao trabalho subordinado. Todavia, as lacunas e tratamento dos diversos institutos jurídicos devem ser entendidos à luz da sua legislação específica. Por exemplo, a sucessão de empresas, os tipos sociais e suas respectivas estruturas e a desconsideração da personalidade jurídica merecem

[37] KOURY, Suzy Cavalcante. Novo Código Civil: unificação dos direitos das obrigações e direito societário. *Revista da Faculdade de Direito da Universidade de Minas Gerais*, Belo Horizonte, v. 44, p. 319-343, 2004. Disponível em: https://revista.direito.ufmg.br/index.php/revista/article/view/1404. Acesso em: 20 fev. 2021.

[38] O STF fixou a tese de repercussão geral: "Preenchidos os requisitos dispostos na Lei 4.886/65, compete à Justiça Comum o julgamento de processos envolvendo relação jurídica entre representante e representada comerciais, uma vez que não há relação de trabalho entre as partes" (RE 606003, com repercussão geral (Tema 550), julgado na sessão virtual encerrada em 25/9/2020, Relator Luís Roberto Barroso).

o enquadramento no diploma que lhes é própria. As controvérsias e interpretações contraditórias foram tantas que a reforma legislativa de 2017 tratou, por exemplo, de conceituar grupo econômico e, como já disse:

> a redação do art. 2º da CLT, nos §§ 2º e 3º, procurou resolver problemas quanto à interpretação da configuração do grupo econômico, estipulando que, para a caracterização do grupo, será necessário que cada uma das empresas, ainda que tenham personalidade jurídica própria, deverão estar sob administração, direção ou controle de outra, não sendo preciso que guardem autonomia. O legislador vai ainda mais além, quando prevê, de forma absolutamente correta, que o fato de uma pessoa ser sócia de duas empresas ou mais não faz com que estas pertençam ao mesmo grupo econômico, havendo necessidade ***da demonstração do interesse integrado, a efetiva comunhão de interesses e a atuação conjunta das empresas dele integrantes***[39].

O art. 8º da CLT faz referência à aplicação subsidiária e supletiva do direito comum quando dispõe que o juiz não se escusará de decidir na omissão da lei ou do contrato. A novidade veio por conta da inserção dos parágrafos que foram inseridos pela Lei nº 13.467/2017, cabendo-me aqui a referência àquilo que já escrevi no comentário a este artigo na CLT comparada urgente:

> O Direito Civil sempre serviu de fonte subsidiária para interpretar a relac ão de emprego, até mesmo porque o contrato de trabalho antes era regulado por esse diploma. A autonomia da vontade, importante

[39] Nahas, Thereza C. *O Novo Direito do Trabalho - Institutos Fundamentais*, editora RT, São Paulo, 2017, p. 43.

característica do direito privado e coletivo, é um dos elementos essenciais dos contratos. No campo do direito coletivo, representa a garantia da liberdade sindical e está inserido nesse dispositivo para indicar que não se pode ignorar a representatividade e legitimidade dos sindicatos nas negociac ões coletivas. Os elementos e requisitos dos negócios jurídicos serão constantemente reclamados nas interpretac ões das novas normas. Daí os § § 1o e 3o fazerem refere ncia a tais institutos do Direito Civil. Nessa linha de raciocínio, o legislador prestigia as negociac ões coletivas: o Estado não deve interferir na liberdade sindical, salvo em casos de fraude ou qualquer tipo de ocorre ncia de vício social ou de vontade. O § 2o volta-se à interpretac ão dos Tribunais sobre os casos que julga. Além disso, firma o entendimento de que não é possível que os Tribunais legislem, deixando claro que a Constituic ão Federal não admite o ativismo judicial. Os Tribunais devem interpretar a norma, e não elaborá-la. Quando o legislador ressaltou que a Justic a do Trabalho analisará exclusivamente a conformidade dos elementos essenciais do negócio jurídico não quer dizer que a atividade interpretativa do juiz está restrita à formac ão dos aspectos materiais do negócio ju-rídico, pois a refere ncia ao art. 104 do CC assegura que a validade do negócio será subordinada e a capacidade do agente, objeto lícito, possível, determinado e determinável em forma prescrita ou não defesa em lei. Isso quer dizer que uma negociac ão coletiva que permita a contratac ão de trabalhadores em regime de escravidão ou menores não terá validade por não preencher os requisitos do negócio, podendo o juiz negar-lhe os efeitos que pretenderão as partes produzir com aquele fato jurídico[40].

---

40 NAHAS, Thereza C; PEREIRA, Leone; MIZIARA, Raphael. *CLT comparada urgente*. 1. ed. São Paulo: RT, 2017, p. 63.

Assim, o legislador ratificou a intenção de permitir o relacionamento mais harmônico possível entre os vários ramos de direitos, especialmente, com aquele que é o tronco comum das disciplinas que formaram microssistemas para a tutela de direitos que já não comportavam a regulamentação no sistema geral.

Há que ter em mente que os vários ramos do direito devem se comunicar, especialmente quando seja necessária a interpretação de institutos cuja regulação está afeta a área distinta que não aquela a que se dedica o microssistema especial, o que permite que as várias disciplinas se inter-relacionem, trazendo segurança jurídica e igualdade.

TRABALHO

3.1 Trabalhador por conta alheia

A figura central do direito do trabalho é o trabalhador e é sobre ele que se estende a tutela jurídica protetora da lei. O trabalhador é um dos polos da relação contratual e, dentro deste contexto, é que não prescinde de uma regulamentação jurídica adequada quanto a sua posição no negócio jurídico, justamente a fim de (de)limitar direitos, deveres, ônus e obrigações, questões estas fundamentais no marco da desregulamentação e flexibilização[41].

---

[41] Os conceitos de desregulamentação e flexibilização não se confundem e tampouco se pode afirmar que um instituto é mais benéfico, ou não, que outro. As relações estabelecidas, por exemplo, com nómades digitais, não guardam qualquer regulamentação, seja a nível nacional ou internacional. O fato social vai muito além e com velocidade não coincidente com o moroso e burocrático processo legislativo. A flexibilização contratual esta vinculada a ideia de que as adaptações e necessidades contratuais guardem maleabilidade para serem negociadas. O tema é complexo e merece um estudo próprio. A coincidência dos dois institutos é que viabilizam a precariedade da relação de trabalho, pois tornam o trabalhador, mas suscetível, fato este que não se verificará, por exemplo, em relações em que o trabalhador tenha alto grau de conhecimento e que a empresa dependa de seus conhecimentos e trabalho. Sobre o tema, veja GRAY, Mary L.; SIDDHARTH, Suri. *Ghost Work:* how to stop Silicon Valley from Building a New Gobal Underclass (2019), Nova York: Houghton Mifflin Harcourt, 2019.

O contrato de trabalho, em qualquer de suas modalidades, e o direito do trabalho voltam a ser o cerne das discussões econômicas neste início do século XXI, pois atrelados que estão aos aspectos econômicos e sociais, isto é, o desenvolvimento econômico e social depende da inserção do trabalho nas políticas estatais:

> El desarrollo viene con el empleo». Esta simple frase resume una realidad de siempre: que el trabajo permite a los hogares de bajos recursos superar la pobreza, y que la expansión del empleo productivo y decente es la vía hacia el crecimiento y la diversificación de las economías. Para todos los países, cualquiera que sea su nivel de desarrollo, la base para impulsar la prosperidad, la inclusión y la cohesión social de manera sostenible y creciente es contar con una oferta suficiente de empleos. Cuando la escasez de empleos o medios de vida disponibles mantienen a los hogares en la pobreza, hay menos crecimiento, menos seguridad y menos desarrollo humano y económico[42].

A lei nº 13.467/2017 tratou de uma reforma profunda no direito do trabalho. Todavia, as regras que foram alteradas mantiveram-se direcionadas unicamente ao trabalhador absolutamente subordinado. Não é verdade que a reforma tenha efetivamente *modernizado o direito do trabalho* como se pregou, mas pode-se dizer que desburocratizou alguns pontos da relação subordinada de trabalho e abriu caminho para discutir-se várias questões importantes para a tutela jurídica laboral. Isso não quer dizer que não há outros tipos de vínculos que deveriam estar tutelados pelo direito interno. Em nenhum momento,

[42] LA IMPORTANCIA del empleo y los medios de vida en la agenda para el desarrollo con posterioridad a 2015. OIT, *[S.l]*, [c2022]. Disponível em: https://www.ilo.org/global/topics/sdg-2030/documents/WCMS_193484/lang--es/index.htm. Acesso em: 7 jul. 2019.

o legislador quis estender qualquer regra a outro tipo de trabalhador, de modo que a CLT é um ordenamento jurídico que se aplica ao trabalhador por conta alheia com vínculo estrito de subordinação. A suposta exclusão do trabalhador *hipersuficiente* serve tão somente para estabelecer critérios distintos de interpretação na avaliação da manifestação da vontade no negócio jurídico que firma com aquele que toma a mão de obra. O que parece mais relevante é que com a criação desta figura, o legislador parece reconhecer que há diferentes graus de subordinação, o que acaba representando uma grande abertura para o reconhecimento daquilo que se vem chamando de subordinação por algorítmico ou subordinação digital.

3.2 Informalidade

O trabalho informal é uma realidade que se apresenta como uma enfermidade para a economia de todo o mundo. No Brasil, o IBGE[43] indica que em 2017 eram 40,8% o número de trabalhadores informais, estatística esta que subiu em 2018 para alcançar quase 50% da população. A crise sanitária acabou por deteriorar ainda mais o mercado de trabalho brasileiro e o segundo trimestre de 2019 fechou com o percentual de 48,7% de trabalhadores informais, incluídos os trabalhadores sem vínculo formal de emprego e os trabalhadores por conta própria[44]. Isso significa que a reforma de 2017 não logrou um

---

[43] "Em algumas atividades, porém, o nível de informalidade ultrapassa 50%. É o caso da agropecuária, em que 66,8% dos homens e 75,5% das mulheres não têm registro, e dos serviços domésticos, no qual 57,3% dos homens e 71,2% das mulheres exercem a função sem carteira assinada". IBGE: INFORMALIDADE cresce e atinge 37,3 milhões de trabalhadores em 2017. *UOL*, São Paulo, 05 dezembro 2018. Disponível em: https://economia.uol.com.br/empregos-e-carreiras/noticias/redacao/2018/12/05/ibge-trabalhadores-informalidade-brasil-2017.htm. Acesso em: 7 jul. 2019.

[44] GOMBATA, Marsílea. Trabalho Informal bate recorde e deve continuar a crescer. São Paulo, *Valor Econômico*, 10 novembro 2021. Disponível em: https://valor.globo.com/brasil/noticia/2021/11/10/trabalho-informal-bate-recorde-e-deve-continuar-a-crescer.ghtml. Acesso em: 5 dez. 2021.

de seus objetivos que era justamente o de conter o trabalho informal, e que sofreu um golpe ainda maior com a crise sanitária.

A informalidade é um reflexo da recessão que o País vem passando, somada à falta de políticas que possam conter a desigualdade social e a formação de trabalhadores. A competição provocada pela expansão das relações globalizadas, seja de natureza econômica, social ou cultural, resulta em um aumento na concorrência internacional e interna entre trabalhadores, promovendo o deslocamento de empregos a escala global, criando condições para que os serviços e empregos sejam deslocados para economias capazes de oferecer melhores condições tecnológicas para a produção[45].

O trabalho informal[46] pode ser prestado em qualquer das grandes formas negociais, isto é, de forma subordinada ou não. O que caracteriza a informalidade é justamente o fato de não se inserir a atividade e o trabalhador no sistema político, apesar de que produz efeitos econômicos e sociais devastadores, entre eles: o trabalhador encontra-se à margem da seguridade social, não podendo usufruir de nenhum benefício seja previdenciário ou de assistência social; o Estado deixa de recolher os impostos com as atividades desenvolvidas;

---

[45] FUTURO do Trabalho no Brasil: diálogos tripartites. *OIT*, [S.l.], 2018. Disponível em: https://www.ilo.org/wcmsp5/groups/public/---americas/---ro-lima/---ilo-brasilia/documents/publication/wcms_626908.pdf. Acesso em: 7 jul. 2019.

[46] Como ensina Euardo Ahumada, "el desarrollo socialmente incluyente es imposible sino se extienden los derechos, las garantías y las oportunidades a los trabajadores de la economía informal. Ello es esencial para poder asegurar los objetivos del trabajo decente desde el punto de vista global. La informalidad de la economía genera un sector de servicios mucho más económicos y competitivos en los mercados internacionales, pero desatiende la cuestión social ligada al modelo del trabajo protegido. Las soluciones al problema de la informalidad pasan por la búsqueda de la equidad social. Ello demanda la búsqueda de la eficiencia y el desarrollo de la economía de los países, a fin de que el sector informal no se convierta en un obstáculo para la capacidad de fomentar riqueza y desarrollo económico". AHUMADA, J. E. Lopéz. El reto de la transición al trabajo formal y protegido desde la perspectiva del trabajo decente. *In:* AHUMADA, J. E. Lopéz (coord.). *Nuevas formas de trabajo y economía informal*. Universidad de Alcalá: Instituto Universitario de Investigación en Estudios Latinoamericanos, 2020, p. 8.

as empresas concorrem abusivamente umas com as outras, pois na prática há facilidades maiores para o *dumping* econômico em prejuízo a liberdade empresarial, além de viabilizar a concorrência entre os próprios trabalhadores. O OIT estima que 60% da população mundial vive na economia informal, o que se verifica principalmente em países em desenvolvimento. Isso não quer dizer que todas as pessoas que trabalham na economia informal sejam pobres, mas tais trabalhadores estão mais propensos a situação de pobreza e acabam entrando para economia informal por falta de oportunidade de estarem na economia formal.

As características dos empresários, empresas e famílias que estão na economia informal são muito diversas, o que implica a construção de um sistema adequado para que possam ser transportadas da informalidade para a economia formal, fato este que não foi abrangido pela reforma de 2017 que teve como preocupação central desburocratizar situações pontuais relativas ao empresariado e a garantia de liberdade econômica, mas de modo divorciado de questões importantes para que tal liberdade possa ser concretizada.

Não se vê nas normas e políticas nacionais regras que possam permitir a transição da economia informal para a formal. A flexibilização de algumas regras sem um diálogo efetivo entre atores sociais e sem outras garantias à classe trabalhadora poderá importar no aumento da informalidade e, portanto, poderá gerar um efeito inverso, ou seja, o de aumentar a informalidade na prestação de serviços. Quiçá tal efeito ocorreu por conta da polêmica reforma de 2017 que, ao revés de provocar a baixa no percentual da informalidade, causou um aumento, conforme acima já se apontou. Tal consequência, é preciso pontuar, não é uma decorrência das mudanças ocorridas, mas sim da ausência de um plano estratégico para seduzir e incentivar os trabalhadores e os empregadores a sujeitarem-se à economia formal, fórmula esta que não se vê em nenhuma das reformas trabalhistas que foram realizadas no País, sejam as pequenas alterações do texto de lei, seja a implementada pela Lei nº 13.467/2017.

Por fim, não se observou, ao menos até este momento, os três objetivos principais da Recomendação 204 da OIT, quais sejam:

> a) facilitar la transición de los trabajadores y las unidades económicas desde la economía informal a la economía formal, respetando los derechos fundamentales de los trabajadores y garantizando oportunidades de seguridad de los ingresos, medios de sustento y emprendimiento;
> b) promover la creación, preservación y sustentabilidad de empresas y de empleos decentes en la economía formal, así como la coherencia de las políticas macroeconómicas, de empleo, de protección social y otras políticas sociales, y
> c) prevenir la informalización de los empleos de la economía formal

3.3 Trabalhador por conta própria – outros tipos contratuais[47]

A referência do art. 442, CLT, ao trabalhador autônomo importou no reconhecimento deste tipo de trabalhador com todas as suas variantes de contratação, abrindo-se as portas para que seja estendida a eles uma proteção mais adequada, dependendo do maior ou menor grau de dependência econômica que tenham com o tomador da mão de obra.

---

[47] NAHAS, Thereza. *O Novo Direito do Trabalho*: institutos fundamentais. São Paulo: Editora Revista dos Tribunais, 2017, p. 37.

Importa dizer que o direito nacional não tem um estatuto específico e adequado que cuide de inserir este tipo de trabalhador, o que acaba por importar no maior grau de informalidade neste tipo de situação. Mais uma vez na reforma, o legislador perdeu a oportunidade de tratar do trabalhador semidependente ou economicamente dependente, situação jurídica que está entre o subtipo de trabalhador autônomo. Com menos recursos e autonomia, esse trabalhador conserva uma dose de independência que permite que não tenha exclusividade com um único empregador e tampouco que se submeta à estrutura empresarial e sua organização. Já nos referimos antes que se trata de:

> (...) um tipo autônomo em que há interesse do trabalhador em não se subordinar de forma estrita à estrutura organizacional da empresa. Não é ele um empregado no sentido que lhe dá o art. 3º da CLT. Tampouco é um profissional com autonomia absoluta, pois não dispõe, pela sua situação financeira, de poderes de gestão absoluta do seu negócio. Depende, muitas vezes, da estrutura organizacional da empresa a que presta serviços. Por vezes, seu interesse está vinculado a uma ou duas empresas. Está situado numa zona intermediária entre o trabalhador subordinado e o autônomo. Depende economicamente do tomador da mão de obra. Isso não faz com que seja empregado da empresa que toma a mão de obra e que esteja inserido nas limitações pessoais impostas pelo contrato de trabalho subordinado.

Quando o legislador aponta que o trabalhador, *com ou sem exclusividade, de forma contínua ou não*, não se enquadrará no conceito de empregado do art. 3º da CLT, não está negando a possibilidade de serem estendidos a ele alguns (ou todos) os benefícios de que goza o trabalhador subordinado. Assim, é absolutamente admissível que se contrate um trabalhador autônomo puro ou semidependente, prevendo-se no contrato que fará jus a férias pagas com um terço ou mais, 13º salário, vale-refeição, vale-transporte, entre outros. A isso, na verdade, já se assiste na prática, principalmente em relações domésticas, em que a diarista recebe alguns benefícios que lhe são pagos pelo empregador, em razão das características peculiares desse tipo contratual.

Entretanto, há de se entender que tais possibilidades deverão vir previstas em contrato, escrito ou verbal, ou norma coletiva. O que falta é um sistema de tutela adequada a esse tipo de trabalhador, considerando sua maior ou menor vulnerabilidade e necessidade, bem como a inserção num sistema eficiente e eficaz de assistência e previdência social.

Ao autônomo se aplicarão as leis respectivas que possam reger este tipo contratual. Assim é a lei do representante comercial (Lei nº 4.886/1965) que dispõe no art. 1º:

> Art. 1º Exerce a representação comercial autônoma a pessoa jurídica ou a pessoa física, sem relação de emprego, que desempenha, em caráter não eventual por conta de uma ou mais pessoas, a mediação para a realização de negócios mercantis, agenciando propostas ou pedidos, para transmiti-los aos representados, praticando ou não atos relacionados com a execução dos negócios.

Também não serão considerados trabalhadores subordinados aqueles que exercerem suas tarefas através de um *contrato de prestação de serviços*, regulamentado pelo art. 593 e ss do Código Civil. Tal contrato é típico e tem grande relevância, pois a regulamentação disposta pela lei civil tem caráter residual, isto é, se o contrato firmado entre o trabalhador e o tomador da mão de obra não estiver regulado pela CLT nem por outra lei especial, as regras aplicáveis serão do CC. Conceitualmente é difícil distinguir a prestação de serviços do contrato de trabalho, pois ambos são contratos bilaterais (geram obrigações, deveres, ônus e direitos a ambas as partes), onerosos (há uma retribuição ajustada) e consensuais (aperfeiçoa-se com a simples manifestação de vontade das partes, dispensando o formalismo). O contrato pode ter por objeto qualquer trabalho material (ex: construção de um muro) ou imaterial (ex: criação de uma obra), poderá ser pactuado por tempo certo ou indeterminado, mas não poderá superar quatro anos, o que não implica que, se ajustado por mais tempo, estará enviado de nulidade: "sendo avençado por lapso temporal mais alongado, nem por isso será viciada a contratação como um todo, pois apenas a previsão convencional de duração será afetada, reduzindo-se ao máximo previsto na norma, ou seja, quatro anos"[48].

O contrato de prestação de serviços permite rescisão antecipada, pagamento de aviso prévio, dispensa sem justa causa ou com justa causa e indenizações. Como se vê, é uma figura muito próxima do contrato de trabalho, mas dele se distancia, justamente pelo poder de direção daquele que toma a mão de obra pela responsabilidade dele pelos riscos do negócio.

O *contrato de empreita* (art. 610, CC) é outro modelo que se aproxima do contrato de trabalho a se considerar que o empreiteiro poderá ser contratado somente para prestar os serviços ou para executar uma prestação de serviços *e* fornecer os materiais necessários para a obra.

---

48 MATTIELO, Fabricio Zamprogna. *Código Civil comentado*. São Paulo: LTr, 2003, p. 383.

Tanto no contrato de prestação de serviços como no de empreita, o que vai distingui-los do contrato de trabalho é a subordinação estrita que está desenhada na CLT.

O que ocorre, todavia, é que o conceito de subordinação já não pode ser entendido no contexto que lhe deu a CLT, fato este que causa sérias discussões na jurisprudência, justamente porque alguns elementos caracterizadores do contrato de prestação de serviços ou de empreita, por exemplo, ganham uma interpretação subjetiva que não lhe corresponde. A liberdade de prestação de serviços ou simplesmente de execução do trabalho contratado deve ser analisada em conjunto com a atividade contratada.

É evidente que se um trabalhador é contratado para construção de uma casa as características da casa são dadas por aquele que contrata o serviço, por exemplo, o engenheiro, arquiteto ou o dono do imóvel. O pedreiro somente executará a obra que certamente será dirigida por um responsável pela construção, seja pessoa física ou jurídica. Nem por isso, o pedreiro deve ter a condição de empregado subordinado e, em geral, tais trabalhadores são contratados por empreita. A submissão a horários, dependendo da localidade, não será fixada necessariamente por quem o contratou, mas por normas que são preestabelecidas, por exemplo, por condomínios e leis municipais. Todavia, não é incomum que, em casos concretos, a análise da situação jurídica levada aos tribunais conduz à afirmação de que esse pedreiro é um empregado subordinado em razão da análise de regras como fixação de horário ou obediência ao projeto da obra, o que, muitas vezes, não corresponderá à realidade da contratação, pois que outros elementos deverão ser analisados em conjunto e o principal deles é o ato de manifestação de vontade, isto é, o que se estabeleceu entre as partes.

Por fim, um último tipo de contratação que gostaria de referir é o que vem se nominando de subordinação algorítmica e/ou subordinação digital e/ou subordinação virtual. Tais terminologias nasceram em razão do crescente número de trabalhadores em plataformas virtuais e com o uso da tecnologia da informação e comunicação (TIC).

3.4 Pessoas jurídicas trabalhadoras

Talvez pela crise do emprego ou pela burocracia do sistema nacional, cada dia mais tem aumentado o número ou, simplesmente, os tipos de modelos de negócios em que os trabalhadores acabam se revestindo da forma de pessoa jurídica. Esse fenômeno ganhou o nome por parte de alguns juristas de *pejotização,* nomenclatura esta que pode soar como uma diminuição ou preconceito com relação ao tipo negocial ou a própria pessoa do trabalhador.

Há trabalhadores que não querem se sujeitar aos estritos conteúdos do contato subordinado e outros que não conseguem colocação no mercado de trabalho se não se sujeitam a outros tipos mais flexíveis. O alto custo dos impostos e a insegurança jurídica leva muitos trabalhadores e empresas a optar por outros tipos de negócios e, numa síntese muito apertada, a intenção de impedir tipos informais, leva o sistema nacional a fixar tipos “societários ou empresariais” que podem ser uma opção interessante para solucionar as inconsistências e levar a uma solução para um mínimo normativo que viabilize a atividade econômica das duas partes contratuais (trabalhador e empresa).

As figuras legais mais buscadas têm sido a do microempreendedor, da sociedade unipessoal e da empresa individual de responsabilidade limitada (EIRELI), todas estas figuras, ao mesmo tempo que servem para dotar a pessoa física de *autonomia*, podem ser um perigoso instrumento para esconder uma relação subordinada (falsos autônomos) ao mesmo tempo que protegem o trabalhador por uma personalidade jurídica própria a ponto de permitir a prestação de serviços. Na busca por um modelo que possa preencher as lacunas existentes entre a autonomia e a subordinação, cada dia é mais crescente estes chamados "novos tipos" contratuais que permitem que o tomador da mão de obra contrate um serviço com mais flexibilidade de ambos os lados.

Todavia, o próprio legislador não dispensa a estes tipos, permita-me dizer, "pessoais de pessoa jurídica", o mesmo tratamento que destina a uma sociedade limitada ou sociedade anônima, por exemplo. Seria uma figura, ao que parece, intermediária entre as empresas economicamente maiores e a sociedade de capital e indústria e, dentro destes universos, os tipos menores em que a prestação de serviços através de uma pessoa jurídica é praticamente semelhante a prestação pessoal de serviço. Há, por assim dizer, uma flexibilidade normativa nas regras de proteção, não necessariamente ao tipo negocial, mas ao "dono da empresa". Desde o ponto de vista da lógica jurídica, é absolutamente compreensível, pois o microempreendedor, por exemplo, não poderá competir no mercado com uma sociedade limitada ou sociedade anônima, mas poderá desenvolver sua atividade num mercado formal e contribuir para o desenvolvimento econômico e social sustentável, estando protegido por algum tipo de proteção social, a partir do momento que está absolutamente integrado ao sistema de seguridade social com os aportes que destina a instituição previdenciária.

A lei de liberdade econômica cuidou de desburocratizar vários entraves que antes existiam na constituição e funcionamento das pequenas e microempresas, além de dar certa proteção a estes tipos, como se vê, por exemplo, na alteração trazida ao instituto da desconsideração da personalidade jurídica, cujo regramento é distinto para tais organizações (art. 980-A, CC).

O trabalho em plataforma acabou por incentivar a criação de MEIs e não se pode ignorar que tal ação vem servindo para reduzir a informalidade. Como já disse:

> uma das formas mais comuns de empreendedorismo é a abertura de novas empresas, inicialmente de pequeno porte, até porque a lei brasileira trouxe inúmeras vantagens fiscais e a Lei da Liberdade Económica desagravou várias burocracias que antes existiam. Por esse motivo, é comum que qualquer indivíduo que se arrisque a abrir seu próprio negócio seja chamado de empreendedor. No Brasil a lei Complementar no 128 de 2008 criou a figura do Microempreendedor Individual (daqui para adiante chamado MEI), o qual é caracterizado por ter feito opção pelo recolhimento dos impostos e contribuições abrangidos pelo Simples Nacional em valores fixos mensais, independentemente da receita bruta por ele auferida no mês. A lei prevê ainda que o MEI deverá o empresário (i) exercer profissionalmente a atividade econômica organizada para a produção ou circulação de bens e serviços, excepcionando-se aquele que exerça profissão intelectual, de natureza cientifica, literária ou artística, ainda que em concurso de auxiliares ou colaboradores, salvo se o exercício da profissão constituir elementos da empresa (art. 966, Código Civil); (ii) ter o empresa receita bruta no ano calendário do ano anterior em valor fixado e atualizado pelo sistema cadastral, ser optante do Simples Nacional e não esteja impedida de exercer as atividades de MEI[49].

---

[49] NAHAS, Thereza C. Trabalhador emprendedor: tendência ou solução para evitar a precariedade?. *In:* AHUMADA, J. E. Lopéz (coord.). *Nuevas formas de trabajo y economía informal*. Universidad de Alcalá: Instituto Universitario de Investigación en Estudios Latinoamericanos, 2020, p. 25-26.

É importante, assim, fixar que, com todas as alterações havidas nas diversas leis nacionais, chegamos à conclusão de que se pode elencar os seguintes *tipos* de trabalhadores cujos regimes jurídicos da relação serão diversos e não se pode confundir: (a) o trabalhador subordinado, cujo regramento jurídico é CLT. Esta é a figura clássica e para a qual a legislação ocidental, inclusive a brasileira, criou um sistema de normas de proteção, subordinadas ao *princípio protetivo*[50]; (b) o trabalhador autônomo, que tem capacidade de organizar o seu próprio trabalho, gerindo de forma absoluta seu tempo de trabalho; (c) pessoas físicas revestidas do manto da personalidade que atribui a lei à pessoa jurídica que ocupa um lugar no vazio da regulamentação quanto a adaptação dos modelos de prestação de serviços no novo contexto da organização empresarial, especialmente, aquelas prestações de serviços ou entrega de bens em que o trabalho se desenvolve por meio da tecnologia da informação e da comunicação (TICs) em seus mais variados aspectos. Caracterizam-se pela organização empresarial "caseira", isto é, em que se revestem da figura de empresários pequenos ou micro e que representam uma mescla entre a pessoa física e jurídica tradicional: a prestação do serviço e pessoal, mas a forma de organização aproxima-se àquela que é inerente à pessoa jurídica; (d)

[50] "El principio protectorio, consistente en una tutela preferencial a favor del trabajador (Simi), tiende ''a nivelar desigualdades'' (Plá Rodríguez), desigualdades de carácter social, económico y cultural, entre el trabajador y el empleador, lo que se traduce en menor poder de negociación en el primero de ellos. Con la salvedad de que en la medida que opere eficazmente el garantismo colectivo esas desigualdades se atenúan notablemente, de todos modos, respecto del trabajador individual, suele mantenerse su situación de inferioridad, por lo que conserva su vigencia el principio protectorio". PODETTI, Humberto A. Los principios del derecho del trabajo. *In:* BUEN LOZANO, Nestor; VALENZUELA, Emilio Morgado (coords.). *Instituciones de derecho del trabajo y de la seguridad social.* Cidade Universitaria México: Academia Ibero Americana de Derecho del Trabajo y de la Seguridad Social y Universidad Nacional Autónoma de Mexico, 1997, p. 146.

subordinação digital[51] ou por algorítmico[52], nomenclatura que surge atualmente como uma sugestão às novas realidades de negócios que vinculam o trabalhador a um tomador de mão de obra (supostamente *empregador*) e que não se adequa aos modelos tradicionais.

Importa dizer que estamos tateando para chegar a um lugar ideal para se conferir um mínimo de proteção social ao trabalhador, independentemente da roupagem jurídica ou legal que se pretenda a ele atribuir.

---

[51] "Precisamente entre estas nuevas formas de producción y trabajo se encuentran los trabajadores que prestan servicios a través de plataformas tecnológicas y por eso es relevante determinar si para estos trabajadores existen ciertas herramientas que puedan llegar a establecer que estamos frente a una relación subordinada o por el contrario se requiere de una nueva categoría legal con características propias que lleve a una protección más efectiva de sus derechos (...) Existe efectivamente una crisis en el derecho laboral. Teniendo en cuenta que las formas o indicios tradicionales para distinguir el trabajo subordinado y el prestador de servicios independiente en los trabajos atados a la tecnología parecen estar obsoletos". NIÑO, Wilson Alexandre Chaparro, *Tecnología*: hacia un nuevo concepto de la subordinación laboral. 2018. Tese (magister en derecho). Bogotá: Universidad Externado de Colombia, 2018, p. 63 e 77.

[52] "Nesse sentido, as relações de trabalho subordinadas como até então conhecidas estão sendo desconstruídas a cada dia, principalmente devido ao fato de a tecnologia evoluir e, junto a isso, gerar a crescente dependência humana. O consumo virou um dos tripés da sociedade e um dos principais motores da economia mundial; o impacto desse consumismo volátil, desenfreado e impregnado de imediatismo reflete diretamente na forma como as empresas vão gerenciar os seus empregados. A economia de compartilhamento parece trazer à tona a necessidade de uma ressignificação do conceito de subordinação, tomando como base a semântica do vocábulo algoritmo". FINCATO, Denise Pires; WÜNSCH, Guilherme. Subordinação algorítmica: caminho para o direito do trabalho na encruzilhada tecnológica?. *Revista TST*, São Paulo, v. 86, n. 3, p. 40-56, 2020, p.49. Disponível em: https://juslaboris.tst.jus.br/bitstream/handle/20.500.12178/181114/2020_fincato_denise_subordinacao_algoritmica.pdf?sequence=1&isAllowed=y. Acesso em:3 jan. 2021.

DAS PESSOAS, DA PERSONALIDADE E DA CAPACIDADE: DA PESSOA NATURAL E DA PESSOA JURÍDICA

4.1 Da personalidade e da capacidade

A personalidade está umbilicalmente ligada à pessoa. Em Roma, pessoa significava a máscara trágica que engrossava a voz do ator e, também, a máscara dos ancestrais que se apresentava em cortejos fúnebres. Desse sentido passou para o direito, tomando um sentido jurídico. É para as pessoas que o Direito foi feito e *persona* foi conceituada como sendo o ser humano capaz de direitos e obrigações.

Caio Mário da Silva Pereira[53] usa a expressão *pessoa natural*, por entender insuficiente o termo *pessoa física* para designar todos

[53] SILVA PEREIRA, Caio Mário da. *Instituições de direito civil*. 19. ed. Rio de Janeiro: Forense, 2015, p. 143.

os atributos da pessoa humana. Sílvio Venosa[54] e Pontes de Miranda,[55] aos quais me filio, utilizam indiscriminadamente as terminologias *pessoa física ou natural* para indicar o Homem como sujeito de direitos e obrigações na esfera jurídica e social.

O conceito de *persona* evoluiu. Nos primórdios do direito romano, era considerada pessoa somente homem; depois, passou o conceito a referir-se ao sujeito de direitos, não se incluindo aqui os escravos que eram *res*. Considerando a divisão romana, tornava-se necessário, para ser sujeito de direito, que além da qualidade de homem, era preciso ser livre e ser cidadão para as relações civis, ou seja, possuir o *status libertatis* e *status civitatis*.

Assim, pessoa é o *ser humano*. Todavia, o direito permite criações artificiais de certos entes que se apresentam agrupados e outros que, sem ter corpo certo, são visíveis aos olhos sociais e que o jurista não podia ignorar. São os primeiros denominados *pessoas jurídicas* e os segundos *pessoas formais*. Tudo isso com fundamento no próprio interesse humano em desenvolver relações econômicas e sociais de modo que é ele suporte indispensável à caracterização de fenômenos jurídicos. Tudo o que existe fora dessa órbita, mas a que o direito empresta validade e eleva ao patamar de instituições e institutos jurídicos, é em razão do interesse do ser humano.

Pontes de Miranda ensina que:

> (...) ser pessoa é apenas ter a possibilidade de ser sujeito de direito. Ser sujeito de direito é estar na posição de titular de direito. Não importa se esse direito é subjetivado, se é munido de pretensão e ação, ou

---

[54] VENOSA, Sílvio. *Direito civil: parte geral*. 3. ed. São Paulo: Atlas, São Paulo, 2003, p. 154.

[55] MIRANDA, Pontes de. *Tratado de direito privado:* parte geral. Campinas: Bookseller, 1999, p. 209.

> exceção. Mas importa que haja "direito". Se alguém não está em relação de direito, não é sujeito de direito: é pessoa; isto é, o que pode ser sujeito de direito, além daqueles direitos que o ser pessoa produz. O ser pessoa é fato jurídico: com o nascimento, o ser humano entra no mundo jurídico, como elemento do suporte fático em que o nascer é o núcleo (...) a personalidade é a possibilidade de se encaixar em suportes fáticos, que, pela incidência das regras jurídicas, se tornem fatos jurídicos, portanto, a possibilidade de ser sujeito de direito (...) Personalidade é o mesmo que (ter) capacidade de direito, poder ser sujeito de direito.[56]

No artigo 1º do Código Civil, o legislador trata de reconhecer a toda pessoa a capacidade para aquisição de direitos e obrigações. No artigo 2º, estabelece que a personalidade tem início com o nascimento com vida.

Não há que se confundir, portanto, os conceitos jurídicos. A ideia de *homem* independe da definição em Direito, constituindo conceitos absolutamente separáveis um do outro. O conceito de pessoa se faz necessário, tecnicamente, apenas para questão da personalidade jurídica que se admite em consideração aos seus próprios interesses, em relação a si mesmo ou em relação à sociedade em que está integrada. Parece-me que, não por outra razão, foi que o legislador no Código Civil de 2002 decidiu-se pela substituição da terminologia *homem* por *pessoa* já regulamentando a questão da personalidade e, em seguida, da própria capacidade, o que nos pareceu mais adequado e técnico.

[56] MIRANDA, 1999, p. 207-209.

A personalidade é atributo da pessoa e "exprime a aptidão genérica para adquirir direitos e contrair obrigações".[57] Todo sujeito de direito tem personalidade. Pelo nosso sistema jurídico, a personalidade tem início com a vida e termina com a morte. Assim, o *nascimento* e a *vida* são dois requisitos necessários para caracterizar o início da personalidade; e a *morte* o requisito necessário para determinar o fim da personalidade.

Observe-se que o legislador não concede personalidade jurídica ao nascituro, mas põe a salvo seus direitos (art. 2º do Código Civil). Assim como também preserva a personalidade mesmo daqueles que morrem, legitimando o cônjuge sobrevivente, ou qualquer parente em linha reta, ou colateral até o quarto grau, para que promova a defesa da sua personalidade (art. 11, parágrafo único do Código Civil).

À medida da personalidade deu-se o nome de *capacidade*, que pode ser *de direito ou jurídica* e *capacidade de fato ou exercício*.

Diz-se *capacidade de direito ou jurídica* a conferida a todo ser humano e que não lhe pode ser recusada sob pena de se lhe negar a própria personalidade, pois através dela se podem exercer direitos e contrair obrigações. A capacidade *de fato ou exercício* corresponde ao direito conferido à pessoa de contrair pessoalmente tais direitos e obrigações. Há uma presunção de que toda pessoa tem capacidade, tratando o legislador civil das incapacidades nos artigos 3º (incapacidade absoluta), 4º (incapacidade relativa) e 5º (cessação da menoridade) de modo que, exceto pelas limitações impostas nestes dispositivos, a capacidade para o exercício do direito é plena. Tais limitações encontram justificativa em aspectos físicos e psíquicos do ser humano justamente para manter-se o equilíbrio negocial.

---

[57] DINIZ, Maria Helena. *Código Civil anotado*. 8. ed. São Paulo: Saraiva, 2002, p. 4.

No direito do trabalho, as regras acerca das instituições acima não se alteram muito. Ocorre que o legislador trabalhista tratou da capacidade para negociar, ou seja, para produzir efeitos jurídicos pela própria vontade, levando em conta, principalmente, a questão da idade fisiológica (art. 7º, XXXIII, da Constituição Federal). Assim o trabalhador será sempre uma pessoa física contando com no mínimo 16 anos. Se o contrato for de aprendizagem, o legislador permite que o trabalhador tenha 14 anos.

Para ter a condição de empregador, o limite de idade não poderá ser dispensado, observando-se os termos da legislação civil, uma vez que a CLT não faz referência expressa ao empregador pessoa física como o fez com o trabalhador subordinado a quem estabeleceu condição de ser pessoa física e com a capacidade que a lei trabalhista prevê.

Conclui-se, assim, que toda pessoa que nasce com vida tem efetivamente existência jurídica. Com relação à pessoa física, o nascimento com vida a faz titular de direitos e obrigações na esfera civil, incluída aqui a trabalhista, ou seja, dá-lhe o *status* de ter personalidade jurídica.

4.2 Das pessoas jurídicas

As pessoas jurídicas, ao contrário do que ocorria com as físicas, não eram consideradas *persona* no Direito Romano, o qual, aliás, não as admitia, relegando o vocábulo *pessoa* tão-somente para o indivíduo.

Com o passar dos tempos, Roma passou a reconhecer a existência de *universitas*, separando seu patrimônio dos entes que a constituíam, sem qualquer relação com a figura do condomínio entre seus membros. Diz Nello Andreotti Neto que "o ponto relevante das pessoas jurídicas era a existência de um patrimônio e de uma organização, independente do patrimônio individual de cada constituinte do grupo".[58]

---

[58] ANDREOTTI NETO, Nello. *Direito civil e romano*. 2. ed. São Paulo: Rideel, 1975, p. 62.

Admitiram-se, assim, dois tipos de modalidades de pessoas jurídicas: *universitates personarum*, para se referir ao conjunto de pessoas; ou *universitates rerum* ou *universitates bonorum*, entendidas como as associações, fundações, hospitais, entre outros. Não se reconheciam, nessa época, as *societas*, as quais eram entendidas como parte do vínculo obrigacional, atribuindo-se aos seus sócios a responsabilidade pela titularidade dos direitos. Isso porque o povo romano primava pela responsabilidade coletiva, tanto no campo da moral como no jurídico. Desta forma, o povo romano entendia que a pessoa jurídica não era extinta se seus membros desaparecessem, mas tinha em mente que a extinção ocorreria se sua finalidade não fosse executada, ou se sua existência agredisse a ordem pública e a coletividade, ou se todos os seus membros desaparecessem.[59]

Com a evolução, que não tardou, diversas teorias passaram a existir para explicar o fenômeno da pessoa jurídica. Serpa Lopes[60] sintetizou as teorias agrupando-as em três, quais sejam:

> I – Teorias em que somente o homem é sujeito de direito e a personalidade é atributo da pessoa humana. São teorias com base nestas máximas: (a) a da ficção, segundo a qual a pessoa jurídica somente tem capacidade jurídica para fins patrimoniais, em razão de uma ficção legal; (b) patrimônio por objeto: a pessoa jurídica é uma forma de patrimônio com objetivo e destinação dada pelo homem, que a faz à sua semelhança a fim de considerá-la como pessoa; (c) ficção doutrinária – propriedade coletiva, segundo a qual a pessoa jurídica é simplesmente uma forma, dentro da qual seus membros podem manifestar-se exteriormente. É uma concepção

---

[59] ANDREOTTI NETO, 1975, p. 62.

[60] SERPA LOPES, Miguel Maria de. *Curso de direito civil*. 8. ed. Rio de Janeiro: Freitas Bastos, 1996, p. 357-365.

superficial que oculta a propriedade coletiva, ao lado da propriedade individual; (d) ficção doutrinária, nega a existência da personalidade jurídica, para sustentar que, se a vontade dos representantes do grupo tem maior extensão do que a do indivíduo isoladamente considerado, tudo se dá por estar de acordo com a regra do direito, assentando a ideia no direito objetivo, que se impõe em razão da solidariedade e do sentimento de justiça; (e) teoria de Kelsen – também negativista, prega que a pessoa jurídica não existe e "que não passa de (...) uma exclusiva expressão unitária personificadora de um centro de deveres e faculdades jurídicas, quer dizer, de um complexo de normas".[61]

II – Teorias organicistas ou realísticas, as quais defendem que a pessoa jurídica está no mesmo patamar que os homens e as consideram como organismos: (a) realidade– tanto os homens como os organismos que se formam naturalmente são detentores de vontade e, assim, necessário se faz reconhecer a personalidade; (b) realística – une o fenômeno da *vontade* ao elemento *interesse*, de forma que o direito protegido é o subjetivo humano, seja de um indivíduo, seja de um grupo, cuja manifestação se faz por meio da vontade. Todavia, somente se reconhece a proteção a manifestações que tenham finalidade humana. Desta forma, o direito deve garantir a dignidade dos interesses humanos assim manifestados; (c) realidade jurídica – a personalidade é uma categoria jurídica, consequência do ordenamento jurídico, já que o fim do direito é a realização de interesses humanos. "Se o Estado erige os homens em sujeito de direito, nada lhe impede atribuir essa subjetividade jurídica também aos entes não humanos".[62]

---

[61] SERPA LOPES, 1996. p. 361.

[62] SERPA LOPES, 1996, p. 363.

> III – Teoria da Instituição – vê a pessoa jurídica como uma instituição necessária à obtenção de determinados fins que não podem ser alcançados de forma isolada pelos indivíduos, de forma que eles precisam reunir-se em grupo, ligados por um vínculo de cooperação. Hauriou diferenciou a pessoa moral da pessoa jurídica e definiu esta última como sujeito. Diz que a pessoa moral é uma instituição social e moral, e a personalidade jurídica é uma instituição jurídica. Saleilles adota tais ideias, todavia não vê na pessoa jurídica um atributo da pessoa humana. "Toda entidade constituída a título suficientemente autônomo (...) torna-se um sujeito de direito, desde que seja produtora de uma atividade jurídica e dotada de uma vontade apta a exercer os poderes que lhe são atribuídos a título de direitos. E pergunta, então: Quem ousaria afirmar que o homem tão-somente é constituído de maneira a realizar poderes desta natureza? É preciso intervir aqui, assevera em resposta, a noção de ***instituição*** nos termos propostos por Hauriou. Finalmente, conclui pela existência real da pessoa jurídica desde que reúna condições necessárias à sua estruturação".[63]

Há que reconhecer que, de fato, a pessoa jurídica é uma instituição, um ente autônomo distinto da pessoa física. O que a torna sujeito de direito é a destinação produtora de atividade jurídica, capaz de exercer a vontade e poderes daqueles que lhe conferem tais prerrogativas. Dessa forma, tais pessoas devem ser reconhecidas como centros organizados destinados a um determinado fim a ser concretizado segundo a intenção daqueles que a constituem.

As pessoas jurídicas são reconhecidas pelo direito e distintas das pessoas que as criam. O ser humano, como sujeito natural de direito e obrigações, percebeu que o associativismo seria uma forma

---

[63] SERPA LOPES, 1996, p. 364.

de melhorar e facilitar o comércio social e jurídico, incrementando a produção. Admitiu-se a conjugação de esforços voltados para uma única finalidade, qual seja, a produção comum.

Lembra Caio Mário que:

> não basta que alguns indivíduos se reúnam, para que tenha nascimento um grupo com personalidade jurídica. É preciso que, além do fato externo da sua aglomeração, se estabeleça uma vinculação jurídica específica, que lhe imprima ***unidade orgânica***. Em virtude desse fator psíquico de sua constituição, a entidade criada assume um sentido existencial que a distingue dos elementos componentes — "***societas distat a singulis***". Numa associação vê-se um conjunto de pessoas, unindo seus esforços e dirigindo suas vontades para a realização dos fins comuns. Mas a personificação do ente abstrato destaca a realização coletiva do grupo, das vontades individuais dos participantes, de tal forma que o seu querer é uma "resultante" e não mera justaposição das manifestações volitivas isoladas.[64]

Não se olvide que a Constituição Federal assegura o direito de associar-se e, portanto, de formar *associações*, de modo que a personalidade passa a ser uma garantia Constitucional, regra esta que está assegurada, ainda, na Carta Interamericana de Direitos Humanos, art. 16, que garante que todas as "pessoas têm o direito de associar-se livremente com fins ideológicos, religiosos, políticos, econômicos, trabalhistas, sociais, culturais, desportivos ou de qualquer outra natureza".

---

[64] SILVA PEREIRA, Caio Mário da. *Instituições de direito civil*. 6. ed. Rio de Janeiro: Forense, 2000, p. 186.

Tal fato decorre de fenômeno natural buscado por diferentes pessoas com pretensão ao mesmo fim que, para tanto, decidem agrupar-se, reunindo seus esforços e tornando viável a finalidade que buscam e que quiçá não seria possível realizar, se tivessem de realizar de forma individual.

Até o século XIX, a pessoa jurídica somente era assim reconhecida se transcendesse a pessoa física de seus membros e se era voltada ao interesse público. A partir daquele século, houve uma ruptura com os conceitos antigos fundada, principalmente, na ruptura social e política e na noção de um novo conceito de Estado.

Lembra Orlando Gomes que:

> o fenômeno da personalização de certos grupos sociais é contingência inevitável do *fato associativo* (...) A realização do fim para que se uniram se dificultaria extremamente, ou seria impossível, se a atividade conjunta somente se permitisse pela soma, constante e iterativa, de ações individuais. Surge, assim, a necessidade de personalizar o grupo, para que possa proceder como uma unidade, participando do comércio jurídico com individualidade, tanto mais necessário quanto à associação, via de regra, exige a formação de patrimônio comum constituído pela afetação dos bens particulares de seus componentes. Esta individualização necessária só se efetiva se a ordem jurídica atribui *personalidade* ao grupo, permitindo que atue em nome próprio, com capacidade jurídica igual à das pessoas naturais. Tal personificação é admitida quando se apresentam os pressupostos necessários à subjetivação dos interesses para cuja realização os indivíduos se associam. Assim se formam as *pessoas jurídicas*.[65]

---

[65] SILVA PEREIRA, 2000, p. 209-210.

Sabendo-se da sua capacidade de realizar negócios jurídicos, são essenciais as formalidades que o direto impõe para que possa ser titular de direitos, obrigações, deveres e ônus. Isso se dá, justamente, porque a pessoa jurídica possui vida própria e independente das pessoas físicas que a idealizam, transcendo sua existência a das pessoas físicas. No direito brasileiro, a pessoa jurídica adquire personalidade com a inscrição do ato constitutivo no respectivo registro, precedida, quando necessário, de autorização ou aprovação do Poder Executivo, averbando-se no registro todas as alterações por que passar o ato constitutivo (art. 45 do Código Civil). Observe que o legislador quis dizer, no art. 45 do Código Civil, que o registro garante à pessoa a aquisição da personalidade jurídica, sem deixar de reconhecer que a inexistência dele permitirá um completo desconhecimento da sua existência. Tanto é verdade que reconhece que a sociedade em comum é *pessoa*, não obstante não tenha personalidade (art. 986 e ss. Código Civil).

Com a aquisição da personalidade jurídica, passará a ter capacidade, que estará limitada ao objeto e à finalidade para a qual foi criada. A vinculação da pessoa jurídica em relação a sua capacidade se dá, ainda, em razão daquilo que estabelecer a lei e seus atos constitutivos, como ocorre, por exemplo, com as instituições financeiras que são subordinadas às regulamentações traçadas pelo Governo Federal dentro do território nacional.

Cumpre frisar, por fim, que a aquisição da personalidade da pessoa jurídica privada se dá pela submissão de seus atos constitutivos ao registro respectivo.

4.3 Das pessoas jurídicas de direito público

Cuidou o legislador brasileiro de traçar a divisão das pessoas jurídicas de direito público, selecionando-as em duas categorias: pessoas de direito público interno e externo.

As pessoas jurídicas de direito público interno estão elencadas no art. 41 do Código Civil. Tais pessoas são regidas pelas normas de direito administrativo e constitucional e, se forem criadas com estrutura de pessoas de direito privado, ficarão subordinadas, no que não ferir o ordenamento público e não for com ele incompatível, pelas normas dispostas no Código Civil.

União, Estados, Distrito Federal, Territórios e Municípios têm suas funções, atribuições e responsabilidades reguladas, principalmente na Constituição Federal. A União e todas as leis que lhe sejam afetas estão submetidas às normas e limitações dos arts. 20 a 24; os Estados, aos arts. 25 a 28; os Municípios, aos arts. 29 a 31; o Distrito Federal, ao 32; e, por fim, os Territórios, ao 33, todos da Constituição da República.

O legislador constitucional veda, ainda, a intervenção de um organismo no outro, à exceção das situações previstas e permitidas pelo próprio ordenamento constitucional (arts. 34 a 36).

Observe-se que, enquanto as pessoas jurídicas de direito privado devem submeter o registro de seus atos constitutivos ao órgão competente para que tenham nascimento regular, as pessoas jurídicas de direito público existem *a se stante*, isto é, "são entes que se postam acima das formalidades criadoras e têm na constituição a fonte maior de sua personalidade".[66]

[66] SILVA PEREIRA, 2000, p. 51-52.

A administração pública sujeita-se a regras rígidas, devendo o administrador respeitar os princípios basilares, pregando o legislador Constitucional que "a administração pública direta e indireta de qualquer dos Poderes da União, dos Estados, do Distrito Federal e dos Municípios obedecerá aos princípios de legalidade, impessoalidade, moralidade, publicidade e eficiência" (art. 37, CF), seguindo diversas regras que se não observadas inquinam o ato de nulo e acarretam a responsabilidade pessoal do administrador.

A responsabilidade de tais pessoas, aliás, será sempre objetiva, quer por imposição do legislador Constitucional (art. 37, § 6º), quer pelas disposições do Código Civil (art. 43). Portanto, o ente público responde perante os administrados, em qualquer esfera do Poder, de modo objetivo. Todavia, o agente público ou político somente responderá perante aquele primeiro, nas situações de ocorrência de culpa ou dolo, estando resguardado o direito regressivo da pessoa pública contra seus agentes.

Uma observação quanto às fundações de direito público: tais entes não foram mencionados expressamente pelo legislador civil como pessoas jurídicas de direito público interno. Todavia, pode-se concluir que estão incluídas entre as entidades de caráter público criadas por lei, quer pela sua origem, quer pelo entendimento firmado pela jurisprudência e doutrina. Outrora, em relação à natureza jurídica de tais pessoas muito se discutiu no direito administrativo até se firmar o entendimento de que são entes de direito público, quer pelas suas características, quer pelas suas finalidades, quer pela intenção do legislador Constitucional em separá-la das sociedades de economia mista e empresa pública e da aproximação que guardam com as Autarquias. Assim também decidiu o legislador infraconstitucional, quando as posicionou entre as pessoas públicas como o fez no art.

1º, § 3º, da Lei de Responsabilidade Fiscal (Lei Complementar 101, de 4/5/2000). Além do que, o Código Civil admite tal interpretação, pois prevê que serão pessoas jurídicas de direito público interno todas aquelas entidades de caráter público criadas por lei (art. 41, V, CC).

Importa ressaltar que a Lei nº 11.107/2005, que tratou da contratação de consórcio público, deu nova redação ao inciso IV do art. 41 para inserir no rol das pessoas jurídicas de direito público interno as associações públicas que são formadas através de uma complexa negociação entre firmada em protocolo de intenções prévios à ratificação da lei e a celebração do consórcio que as cria entre entidades de um mesmo nível governamental, em geral, por municípios. São entes que pertencem à administração indireta do Poder Público e estão sujeitos a toda regulamentação respectiva.

As pessoas jurídicas de direito público externo são consideradas os Estados estrangeiros e todas as pessoas que forem regidas pelo direito internacional público (art. 42, CC). Essas pessoas são reguladas pelo direito internacional e abrangem as "nações estrangeiras, Santa Sé e organismos internacionais (ONU, OEA, Unesco, FAO etc.)".[67]

4.4 Das pessoas jurídicas de direito privado

As pessoas jurídicas de direito privado são instituídas por particulares e adquirem personalidade, cujo início de existência legal coincide com a inscrição de seus atos constitutivos no respectivo registro, precedida, quando necessário, de autorização ou aprovação do Poder Executivo, averbando-se no registro todas as alterações por que passar o ato constitutivo (art. 45 do Código Civil).

[67] DINIZ, 2002, p. 26.

As pessoas jurídicas poderão constituir-se, ou como grupo de pessoas, caso das associações e sociedades, ou como massa de bens, situação das fundações. O que as diferencia, entre outras coisas, é, principalmente, a finalidade para que são constituídas. A Lei nº 10.825/2003 inseriu no rol de pessoas jurídicas de direito privado estabelecido no art. 44, CC, as organizações religiosas e partidos políticos; e, posteriormente, a Lei nº 12.441/2011 trouxe as empresas individuais de responsabilidade limitada para compor o respectivo rol.

Sabendo-se que é o registro que concede à pessoa jurídica a personalidade, necessária se faz a obediência aos requisitos legais no ato constitutivo (arts. 45 e 46, CC).

Em regra, a gestão da pessoa jurídica será realizada pelo administrador indicado no ato constitutivo, além do que, o ato praticado pelas pessoas que a administram vinculará a pessoa jurídica (art. 47, CC). Mas pode ocorrer que a administração seja coletiva, caso em que as decisões serão tomadas pela maioria, se não houver previsão em contrário naquele ato. Se, porventura, faltar administrador à pessoa jurídica, o juiz poderá, a requerimento, nomear um administrador provisório (art. 48 e 49, CC). De toda sorte, quem responderá pelos atos praticados pela pessoa jurídica, regra geral, é ela própria, decorrência lógica da sua personalidade. O administrador somente responderá se ultrapassar os limites dos poderes que lhe foram conferidos, isto é, responderá pessoalmente em todas as vezes em que agir fora (desvio) ou além (excesso) dos poderes que lhe foram conferidos. Todavia, todas as vezes em que o administrador agir fora (desvio) ou além (excesso) dos poderes que lhe foram conferidos, responderá pessoalmente, diante da aplicação da regra da responsabilidade direta.

Isso se dá porque o administrador deve respeitar os limites do mandato que lhe foi conferido, e, se agir contra ou além dos limites que lhe forem outorgados, seus atos não podem obrigar a pessoa jurídica que, certamente, não lhe deu autonomia para tanto, o que resultará na resposta pessoal do administrador por ter agido com abuso de poder.

A intenção do legislador foi efetivamente de dar autonomia a pessoa jurídica regularmente criada, o que foi ratificado com a inserção do art. 49-A trazido pela Lei nº 13.874/2019 que ressaltou a inconfundibilidade da pessoa física com a pessoa jurídica detalhando o legislador que não poderá haver confusão da pessoa jurídica com seus sócios, associados, instituidores ou administradores, numa referência expressa a todo tipo de pessoa jurídica, isto é, como ou sem finalidade lucrativa, pública ou privada. E, para que o intérprete não tivesse qualquer dúvida, o legislador esclareceu no parágrafo único daquele dispositivo que a autonomia patrimonial das pessoas jurídicas é um instrumento lícito de alocação e segregação de riscos, estabelecido pela lei com a finalidade de estimular empreendimentos, para a geração de empregos, tributo, renda e inovação em benefício de todos.

Poderá ocorrer de os interesses da pessoa jurídica não serem como os dos administradores que a compõem, de sorte que o legislador estabeleceu um prazo decadencial de três anos para anular as decisões do administrador, quando violadoras da lei ou do estatuto, ou forem eivadas de erro, dolo, simulação ou fraude. Considerando a natureza deste prazo, não-exercício do direito dentro deste prazo acarretará sua aquiescência com o ato, tornando-a, também, responsável. Entendemos que tal presunção é *juris et de juris*, já que, sendo decadencial, provoca a morte do direito (art. 48, CC).

Por fim, o legislador cuidou de dar proteção à personalidade das pessoas jurídicas, permitindo que as regras sobre o direito da personalidade sejam-lhes aplicadas (art. 52, CC). Qualquer ofensa que se faça à personalidade da pessoa jurídica, mesmo após sua extinção, deve ser reparada em virtude da proteção legal (arts. 11 a 21, CC).

Passaremos a uma rápida alusão a consideração dos principais tipos de pessoas jurídicas existentes na prática jurídica e negocial.

4.4.1 Das associações

As associações são pessoas jurídicas de direito privado caracterizadas pela união de pessoas que se organizam para fins não econômicos e lícitos. São entidades, por assim dizer, de interesse social. A Constituição Federal já garantiu o direito de associação, vedando qualquer forma de restrição à sua criação (art. 5º, XVII, XVIII, XIX, XX e XXI).

Os sindicatos constituem tipo de associação por excelência. São pessoas jurídicas de direito privado que adquirem personalidade com o registro de seus estatutos no Cartório de Títulos e Documentos. Formam-se por categorias econômicas, profissionais ou diferenciadas.

Os associados não possuem entre si direitos e obrigações recíprocas, mas sim para o fim da associação e obediência aos seus estatutos de constituição que deverá observar, para sua formação, o disposto no art. 54, CC.

Sabo Paes ensina que "os associados, no âmbito de uma associação civil, são peça fundamental na administração e na consecução de suas finalidades. A participação dos associados é vital para essa pessoa, em que a vontade das pessoas é sua razão de existir".[68] Por esta razão, os direitos e funções de cada associado vêm discriminados no Estatuto e não podem lhe ser negados, sendo possível a instituição de categorias diferenciadas de associados, sem que isso provoque quebra dos princípios associativos.

---

[68] SABO PAES, José Eduardo. *Fundações e entidades de interesse social*: aspectos jurídicos, administrativos, contábeis e tributários. Brasília: Brasília Jurídica, 2006, p. 66.

Como pessoa jurídica que é, a associação deve possuir órgão que permita sua exteriorização de vontade a fim de tornar viável a consecução de suas finalidades. Há, assim, órgãos que são necessários numa associação, quais sejam, a assembleia geral, diretoria administrativa e conselho fiscal, cujas funções estão designadas no estatuto. É possível, ainda, a criação de órgãos facultativos, cuja previsão deverá vir expressa no estatuto.[69]

A responsabilidade das associações não foge à regra geral. É pessoa jurídica, dotada de personalidade, respondendo por seus atos. Os administradores, e não a assembleia, são quem respondem pelos atos que, eventualmente, vierem a cometer com excesso de poder ou contrários aos estatutos. Tal conclusão decorre da interpretação dos art. 47 e 49-A do CC.

Se houver dissolução da pessoa jurídica, acertadas as suas contas, havendo patrimônio líquido, será *destinado à entidade de fins não econômicos designada no estatuto, ou, omisso este, por deliberação dos associados, à instituição municipal, estadual ou federal, de fins idênticos ou semelhantes* (art. 61, CC). Dispõe, ainda, o legislador quanto à destinação do patrimônio da associação dissolvida que, se houver cláusula do estatuto ou, no silêncio deste, em ocorrendo deliberação dos associados, podem estes, antes da destinação do patrimônio remanescente, receber em restituição o valor atualizado relativo às contribuições que tiverem prestado ao patrimônio da associação (§ 1º do art. 61, CC).

Se não houver na respectiva localidade, isto é, no Município, Estado, Distrito Federal ou no Território, em que a associação tiver sede, instituição nas mesmas condições dela, ou em condições similares, o

---

[69] SABO PAES, 2006, p. 69.

patrimônio que remanescer será devolvido à Fazenda do Estado, do Distrito Federal ou da União.

4.4.2 Das fundações

As fundações são caracterizadas por *não* se constituírem de reunião de pessoas. Serpa Lopes sintetiza que "as fundações assentam numa finalidade a realizar. O seu sopro de vida parte da vontade do instituidor ou fundador".[70]

O direito romano trazia previsão quanto a possibilidade de reunião de bens para formação de tais pessoas, as quais eram conhecidas por serem uma *universitas bonorum.*

Houve discussões quanto a se atribuir às fundações personalidade jurídica, já que é indiscutível que há uma espécie de doação de patrimônio para realização de um interesse geral. Consoante ensina Eduardo Espínola, "o Estado, no intuito de promover o progresso e o aperfeiçoamento dos indivíduos ou de assisti-los e socorrê-los, em caso de necessidade, pode fundar seres autônomos e elevá-los à categoria de pessoas jurídicas".[71] As fundações sempre são formadas para um interesse de utilidade social, ainda que a destinação do patrimônio seja de ordem privada (fundações privadas), portanto, é evidente que possuem personalidade jurídica própria.

Calcado na finalidade e especialidade desta pessoa, o legislador nacional dispõe que para criar uma fundação, o seu instituidor fará, por escritura pública ou testamento, dotação especial de bens livres, especificando o fim a que se destina, e declarando, se quiser, a maneira de administrá-la (art. 62, CC).

---

[70] SERPA LOPES, 1996, p. 376.

[71] ESPÍNOLA, Eduardo. *Sistema do direito civil*: edição histórica. Rio de Janeiro: Editora Rio, 1977, p. 446.

Adota, ainda, o legislador um rol taxativo restringindo a finalidade da instituição, que somente poderá ser formada para realização de fins religiosos, morais, culturais ou de assistência (parágrafo único do art. 62, CC).

Se o patrimônio destinado for insuficiente para a constituição da fundação pretendida, será incorporado a outra fundação que tenha finalidade igual ou semelhante, desde que o instituidor não tenha disposto de modo contrário.

Se a fundação for constituída por negócio *inter vivos*, há obrigatoriedade de o instituidor transferir a propriedade de bens, sob pena de sofrer intervenção judicial para tanto. Os estatutos devem respeitar a vontade do instituidor, e os administradores, tão logo saibam de seu mister, deverão cuidar para que suas bases sejam formuladas. Após aprovação pela autoridade competente, a fundação estará criada e é detentora de personalidade jurídica própria. É o Ministério Público quem irá aprovar ou não os estatutos e formalidades para aprovação de uma fundação. Se este órgão opinar pela rejeição da aprovação dos estatutos, o interessado deverá buscar o suprimento da aprovação, mediante requerimento ao juiz.

Eventual alteração que se deseja realizar no estatuto somente será procedida se observadas as disposições do art. 67, CC.

Pode ocorrer de não ser unânime a votação pela aprovação da alteração. Neste caso, quando a pretensa alteração for remetida ao Ministério Público, se determinará a ciência a minoria para que possa impugnar, direito esse que deverá ser exercido no prazo de dez dias.

Se o objeto de uma fundação se torna ilícito, impossível ou inútil, qualquer interessado, inclusive o próprio Ministério Público, pode requerer sua extinção. Esta será determinada depois de acertadas as contas da fundação; e o patrimônio remanescente será incorporado ao de outra fundação que tenha finalidade igual ou semelhante. A designação é feita pelo juiz a que for cometido o processo.

A responsabilidade das fundações não foge à regra geral. Como pessoa jurídica que é, dotada de personalidade, responde por seus atos. Os administradores, e não o instituidor ou Ministério Público, é que respondem pelos atos que cometerem com excesso de poder ou contrários aos estatutos. Tal conclusão decorre da interpretação do art. 47 do Código Civil e da teoria acerca da pessoa jurídica e sua personalidade.

Observe-se que o Ministério Público vela pela associação, mas não necessariamente a administra. A função aqui é meramente fiscalizadora, podendo, inclusive, responsabilizar os administradores por atos que praticarem contra as finalidades da fundação ou com excesso de poder ou abuso de mandato.

Os bens da fundação são inalienáveis. Todavia, havendo necessidade absoluta, o juiz poderá autorizar a venda, sempre depois da oitiva do Ministério Público.

Por fim, cumpre anotar que é errado conferir a designação de *sócios* àqueles que administram uma fundação, posto que são administradores. Não há que se confundir as figuras jurídicas dos sócios e administradores quando se trata de fundação. Nenhuma fundação possui sócio, pois, como já se disse, a pessoa jurídica está organizada em torno de um patrimônio e não de pessoas, fenômeno este que se pode ver nas sociedades e associações.

No mais se rege pelas disposições há pouco expostas, cumprindo frisar que não dispensa a fiscalização do Ministério Público, aplicando-se-lhe o regime das pessoas jurídicas de direito privado, inclusive no que diz respeito à contratação de empregados, cujo regime aplicável é o celetista e não o estatutário.

4.4.3 Do terceiro setor

As constantes transformações ocorridas no Estado em razão do crescimento da sociedade e formação de massas importaram no reconhecimento de que o Estado não tem condições de oferecer à sociedade aquilo que ela anseia e, às vezes, nem aquilo que deveria conceder-lhe. Principalmente nos países pobres e em desenvolvimento, como é o caso do Brasil, tem surgido a figura do chamado Terceiro Setor, passando o Estado a uma função meramente reguladora e não mais produtora.

Surgem pessoas que se *associam* através da formação de uma pessoa jurídica, a fim de conseguir realizar e obter algo melhor para elas próprias e para a coletividade.

O Terceiro Setor nasce, assim, num espaço aberto que não é nem público nem privado, mas desenvolve funções sociais. Inspirado nos problemas causados por grandes desigualdades sociais cujos efeitos atingem a todos, cria uma consciência coletiva que une indivíduos, empresas e Estado. No Brasil, apresenta-se em forma de Organizações Não Governamentais (ONGs), que são "entidades de interesse social sem fins lucrativos, como as associações, as sociedades e as fundações de direito privado, com autonomia e administração própria, cujo objetivo é o atendimento de alguma necessidade social ou a defesa de direitos difusos ou emergentes".[72]

Não há uma legislação específica no direito nacional a respeito do que seja exatamente o Terceiro Setor. Todavia, sabe-se que as entidades que nele operam o fazem em forma de pessoa jurídica de direito privado nos termos da legislação existente, qual seja, em sociedades simples (civis) sem finalidade lucrativa, associação ou fundação.

---

[72] SABO PAES, José Eduardo. *Fundações e entidades de interesse social*: aspectos jurídicos, administrativos, contábeis e tributários. 4. ed. Brasília: Brasília Jurídica, 2003, p. 89.

Nosso ordenamento jurídico possui duas leis regulamentadoras destinadas a atividade social, quais sejam, a Lei nº 9.637, de 15/5/1998, que institui a possibilidade de entidades sem finalidade lucrativa serem tidas por organizações sociais, e a Lei nº 9.790, de 23/3/1999, que dispõe sobre a possibilidade de a organização social ser considerada de interesse público. Observe-se que neste último caso não se forma nova pessoa jurídica, mas sim é instituída dentro da pessoa jurídica já existente a qualificação de entidade de interesse social, podendo ela formar parceria com o Estado para realização de seus objetivos.

As organizações sociais, ou pertencentes ao Terceiro Setor, não podem auferir lucros. Isso não quer dizer que não possam ter *superávit*, mas sim que, por não se destinarem à finalidade empresarial, é-lhes vedada a divisão do *superávit*, o qual deverá ser revertido em seu próprio benefício. Servem para buscar a melhoria de vida das camadas mais carentes e, não obstante estejam distantes dos objetivos do Estado e das empresas enquanto geradores de riquezas, deles dependem economicamente, já que sobrevivem principalmente em razão das doações que recebem, sendo isentas de pagamentos de tributos.

Não são todas as pessoas jurídicas que podem requerer o selo de entidades de interesse público, mas somente aquelas elencadas no art. 1º da Lei nº 9.790/1999, prevendo o art. 2º desse diploma o rol daquelas que não são passíveis da qualificação.

Visando à garantia da prestação do serviço destas entidades e procurando resguardá-la de inconvenientes, foi publicada a Lei nº 9.608, de 18/2/1998, que dispôs sobre o trabalho voluntário. Assim, tais entidades poderão ter três tipos de trabalhadores que lhes prestam serviços, os empregados contratados e remunerados nos termos da legislação trabalhista, os prestadores de serviços autônomos, igualmente ligados às entidades por um contrato civil remunerado, e os trabalhadores voluntários que lhes prestam serviços sem nenhum vínculo de emprego e sem remuneração, à exceção das despesas que gastarem com a prestação do serviço.

A estrutura, portanto, dessas entidades será inerente à pessoa jurídica que gozar do selo de organização social, podendo ser uma sociedade simples (civil), sem finalidade lucrativa, associação ou fundação, aplicando-se-lhes tudo que já se disse a respeito delas.

4.4.4 Das sociedades

Uma das mais profundas alterações trazidas pelo Código Civil de 2002 refere-se às sociedades. O legislador trouxe a regulamentação do direito de empresa para o Código Civil, revogando a primeira parte do Código Comercial (art. 2.045, CC). A segunda parte deste Código continua em vigor, isto é, comércio marítimo. A parte terceira que tratava do processo falimentar já havia sido revogado pelo Decreto-lei de 1945 (nº 7.661) que, em 2005, também foi revogado pela Lei nº 11.101 que regulamentou a recuperação judicial, extrajudicial e a falência do empresário e da sociedade empresária, lei esta que sofreu outra grande alteração em 2020 pela Lei nº 14.112.

O Código de 1916 fazia referência e regulamentava as sociedades civis, abrindo ao legislador a possibilidade de terem ou não finalidade econômica. O Código de 2002 não faz mais distinção entre sociedades civis com fins lucrativos e não lucrativos. Prevê que as pessoas jurídicas serão associações, fundações e sociedades, sendo aquelas duas primeiras, necessariamente, pessoas sem finalidade econômica e as sociedades civis passam a ser tratadas no Capítulo de direito de empresa, colocando-as entre o que foi denominado de *sociedade simples*. Reconhece-se, assim, que somente as associações e fundações devem reunir, obrigatoriamente, pessoas ou bens para consecução de fins não econômicos e de interesse social. As sociedades, por sua vez, podem ou não ter finalidade econômica, diferenciando-se, assim, conforme o regime e a norma jurídica e legal aplicável.[73]

O Direito de Empresa vem regulamentado no Livro II do Código Civil. A consequência disso, ou seja, a unificação trazida pelo novo sistema, resulta na homogeneidade da relação jurídica obrigacional regulada, agora, pelo direito civil, mantendo, todavia, intocada a particularidade de cada instituto; mas não se pode ignorar que a relação empresarial está subordinada ao sistema da unificação, sujeitando-se ao sistema de cláusulas gerais e de conceitos jurídicos indeterminados.[74]

---

[73] "As sociedades podem ser civis ou mercantis. A diferença basilar entre elas está na prática, ou não, de atos de comércio como operações de rotina, quando então terá natureza comercial. Não sendo dada a atos de comércio, será sociedade civil, ainda que opte pela forma comercial". MATTIELO, 2003, p. 50.

[74] Veja, por exemplo, os enunciados aprovados na I Jornada de Direito Comercial, coordenador pelo Ministro Ruy Rosado, em 2013, pelo Conselho da Justiça Federal: "*25*. A revisão do contrato por onerosidade excessiva fundada no Código Civil deve levar em conta a natureza do objeto do contrato. Nas relações empresariais, deve-se presumir a sofisticação dos contratantes e observar a alocação de riscos por eles acordada". "26. O contrato empresarial cumpre sua função social quando não acarreta prejuízo a direitos ou interesses, difusos ou coletivos, de titularidade de sujeitos não participantes da relação negocial". "27. Não se presume violação à boa-fé objetiva se o empresário, durante as negociações do contrato empresarial, preservar segredo de empresa ou administrar a prestação de informações reservadas, confidenciais ou estratégicas, com o objetivo de não colocar em risco a competitividade de sua atividade". AGUIAR JÚNIOR, Ruy Rosado (coord.). I Jornada de Direito Comercial. Brasília: Conselho da Justiça Federal, Centro de Estudos Judiciários, 2013. Disponível em: https://www.cjf.jus.br/cjf/corregedoria-da-justica-federal/centro-de-estudos-judiciarios-1/publicacoes-1/jornadas-de-direito-comercial/livreto-i-jornada-de-direito-comercial.pdf. Acesso em: 6 jan. 2022. Também os enunciados aprovados pelas Jornadas de Direito Civil – I, III, IV e V em março de 2012: "53 – Art. 966: Deve-se levar em consideração o princípio da função social na interpretação das normas relativas à empresa, a despeito da falta de referência expressa". "75 – Art. 2.045: A disciplina de matéria mercantil no novo Código Civil não afeta a autonomia do Direito Comercial". AGUIAR JÚNIOR, Ruy Rosado (coord.). *Jornadas de direito civil I, III, IV e V:* enunciados aprovados. Brasília: Conselho da Justiça Federal, Centro de Estudos Judiciários, 2012. Disponível em: https://www.cjf.jus.br/cjf/corregedoria-da-justica-federal/centro-de-estudos-judiciarios-1/publicacoes-1/jornadas-cej/EnunciadosAprovados-Jornadas-1345.pdf. Acesso em: 6 jan. 2022.

A origem das sociedades está no desenvolvimento do tráfego de mercadoria, que tornou necessária a criação de mais uma pessoa, além das físicas que negociavam. Com a maior complexidade das relações sociais e econômica, bem como a globalização crescente, as sociedades comerciais passaram a exigir várias pessoas negociando em comum. Até hoje, em muitos países, entre eles o Brasil, há certos tipos sociais que são destituídos de personalidade jurídica. Neles, os próprios sócios são os empresários, respondendo pelas obrigações sociais com seu próprio patrimônio e, não obstante isso, se reúnem para repartir encargos, amealhar maior capital e usufruir lucros. O direito dá proteção a estes tipos sociais, distinguindo-os de outros em que a pessoa jurídica tem personalidade própria, não se confundindo com aqueles que a criaram. No sistema nacional, podemos citar como aqueles tipos as sociedades em nome coletivo e a em comandita simples[75].

Diferencia-se a sociedade civil da sociedade empresarial. O ordenamento civil regula a empresa a partir da definição de empresário (art. 966), centrando o conceito na organização interna da empresa, visando à sua função social e dividindo a sociedade em empresária e simples.

A sociedade simples[76] terá finalidade econômica ou não e será sempre civil, justamente para se diferenciar da empresarial, restando claramente demonstrada esta intenção legislativa. Maria Helena Diniz descreve a diferença entre as sociedades civis e as comerciais e expõe:

---

[75] Enunciado 59 – Arts. 990, 1.009, 1.016, 1.017 e 1.091: Os sociogestores e os administradores das empresas são responsáveis subsidiária e ilimitadamente pelos atos ilícitos praticados, de má gestão ou contrários ao previsto no contrato social ou estatuto, consoante estabelecem os arts. 990, 1.009, 1.016, 1.017 e 1.091, todos do Código Civil. AGUIAR JÚNIOR, 2012.

[76] Enunciado 10. Nas sociedades simples, os sócios podem limitar suas responsabilidades entre si, à proporção da participação no capital social, ressalvadas as disposições específicas. AGUIAR JÚNIOR, 2013.

> Na sociedade civil visa-se o fim econômico ou lucrativo, pois o lucro obtido deve ser repartido entre os sócios, sendo alcançado pelo exercício de certas profissões ou pela prestação de serviços técnicos (...) (p. ex., uma sociedade imobiliária) (...); ***sociedades mercantis***, que visam o lucro, mediante exercício de atividade empresarial ou comercial (...), assumindo as formas de: sociedade em nome coletivo; sociedade de capital e indústria;[77] sociedade em comandita; sociedade em conta de participação; sociedade de responsabilidade limitada; sociedade anônima ou por ações[78].

Pelo critério adotado, o qual coincide com o utilizado pelo legislador italiano em 1942, o profissionalismo e a habitualidade do empresário caracterizarão as normas de socialização, inseridas no novo ordenamento jurídico e, portanto, a sociedade empresária.

A empresa comercial, assim, nasce de uma organização firmada por uma ou várias pessoas que se propõem a exercitar atos de manufatura, circulação de riqueza ou prestação de serviços. Fran Martins pondera que tem sido difícil distinguir a empresa comercial da econômica:

> Se toda empresa comercial é econômica, nem toda empresa econômica é comercial, pois várias modalidades de empresa – notadamente as que se referem à exploração agrícola e as de bens imóveis – fogem ao campo da atividade comercial, já que a esse não interessa a produção de bens para consumo próprio, mas a ***circulação*** desses bens.[79]

---

[77] Cumpre lembrar que a Sociedade de Capital e Indústria foi extirpada do ordenamento jurídico com o Código de 2002.

[78] DINIZ, Maria Helena. *Código civil anotado*. 3. ed. São Paulo: Saraiva, 1999, p. 35.

[79] MARTIM, Fran. *Curso de direito comercial*. 11. ed. Rio de Janeiro: Forense, 1986, p. 15.

Torna-se difícil estabelecer um critério definitivo sobre a caracterização da empresa comercial, de modo que o legislador pátrio preferiu partir do conceito de empresário e, assim, caracterizá-la pelo exercício da atividade profissional. Sem olvidar que o próprio legislador cria, por exclusão, uma forma de diferenciar esta pessoa, qual seja, o empresário, daquele que não é empresário (art. 966, CC).

O empresário, assim, é aquele que explora diretamente bens produtivos; desempenha atividade que demanda exploração organizada, sob a forma de empresa, comportando despesas e custos, para obtenção de um resultado que poderá ser positivo ou negativo. O lucro operacional de uma empresa não se confunde com um rendimento de propriedade, mas se apresenta como renda líquida final de uma exploração.[80]

No direito de empresa, diferenciam-se sociedade e empresa, sabendo-se que aquela se refere ao sujeito de direito, enquanto a empresa representa o "exercício de atividade, *o objeto de direito*",[81] o que serve para indicar que, efetivamente, as pessoas criadas por ficções jurídicas não se confundem com aquelas que lhes dão vida e desenvolvimento.

As sociedades comerciais se formam através da constituição de diversas pessoas para a execução de um objetivo comum, de sorte que o que as constitui é um contrato, designado pelo legislador como contrato de sociedade (art. 981 do Código Civil) e que deve obedecer às disposições acerca da formação dos contratos em geral, normas estas estatuídas a partir dos artigos 421 e seguintes do Código Civil.

---

[80] COMPARATO, Fábio Konder. *Aspectos jurídicos da macroempresa*. São Paulo: Editora RT, 1970, p. 9.

[81] REQUIÃO, Rubens. *Curso de direito comercial*. São Paulo: Saraiva, 1988, p. 58.

A empresa é uma abstração reconhecida como uma organização de bens e trabalho[82]. Pode-se afirmar que dois elementos caracterizam o empresário, quais sejam, a iniciativa e o risco. Se este empresário for rural, terá como elemento caracterizador, ainda, a atividade de natureza rural, não importando se exercer, ainda, outras atividades de natureza diversa. Tal é a inteligência do art. 971 do Código Civil.

Por exclusão "não se considera empresário aquele que exerça profissão intelectual, de natureza científica, literária ou artística, ainda com o concurso de auxiliares ou colaboradores, salvo se o exercício da profissão constituir elemento de empresa" (parágrafo único, art. 966, CC).

Pode-se concluir, que o legislador civil acabou por regular todas as situações, seja a relativa à empresa comercial em si, seja aquela relativa à empresa tão somente econômica, reconhecendo a natureza econômica das relações que se estabelecem no comércio jurídico, já asseguradas pelo sentido do art. 170 da Constituição Federal.

O empresário no Código Civil é comerciante que, no Código de 2002, ganhou contorno mais preciso e técnico, razão da nova sistemática adotada pelo legislador. O termo *empresário*, portanto, dá a noção de algo mais amplo diante do profissionalismo e dos novos tipos sociais surgidos nas diversas relações empresariais. Permite que todos aqueles que estejam em gozo de sua capacidade civil ou que não estejam legalmente impedidos possam ser empresários (art. 972 do Código Civil), regulando, ainda, a questão dos cônjuges que decidem estabelecer entre si contrato de sociedade (art. 977 do Código Civil). Importa ressaltar que o sócio poderá ser, dependendo do tipo social, uma pessoa física ou mesmo pessoa jurídica.

---

[82] Enunciado 54 – Art. 966: É caracterizador do elemento empresa a declaração da atividade-fim, assim como a prática de atos empresariais. AGUIAR JÚNIOR, 2012.

A sociedade[83] será sempre resultante de um ato de vontade, caracterizado pelo acordo entre as pessoas que a fazem nascer através da reunião de capital, trabalho e realização de operações com finalidade lucrativa. Os sócios têm interesses paralelos e não antagônicos. Fran Martins afirma que "a sociedade pode surgir de um contrato ou de um ato equivalente a um contrato; uma vez criada, e adquirindo personalidade jurídica, a sociedade se autonomiza, separando-se das pessoas que a constituíram".[84]

No sistema legal brasileiro, estão as sociedades empresárias sujeitas aos requisitos de formação de todo negócio jurídico, quais sejam: (a) agente capaz; (b) objeto lícito, possível, determinado ou determinável; (c) forma prescrita ou não defesa em lei (art. 104 do Código Civil). Além disso, somente serão reconhecidas como sociedades comerciais aquelas que estiverem inscritas no registro do comércio (ou da empresa). As demais sociedades, que estiverem subordinadas ao registro civil das pessoas jurídicas, são chamadas de sociedades simples que, no regime do Código anterior, eram as antigas sociedades civis.

Após a aquisição da personalidade jurídica, as sociedades adquirem autonomia suficiente, a ponto de ser seu patrimônio separado do patrimônio das pessoas que as constituem[85]. No mais das vezes, as pessoas

---

[83] Enunciado 3. A Empresa Individual de Responsabilidade Limitada – EIRELI não é sociedade unipessoal, mas um novo ente, distinto da pessoa do empresário e da sociedade empresária. AGUIAR JÚNIOR, 2013.

[84] MARTIM, Fran. *Curso de direito comercial*. 3. ed. Rio de Janeiro: Forense, 1967, p. 219.

[85] Enunciado 51 – Art. 50: A teoria da desconsideração da personalidade jurídica – disregard doctrine – fica positivada no novo Código Civil, mantidos os parâmetros existentes nos microssistemas legais e na construção jurídica sobre o tema. AGUIAR JÚNIOR, 2013.
Enunciado 10. Nas sociedades simples, os sócios podem limitar suas responsabilidades entre si, à proporção da participação no capital social, ressalvadas as disposições específicas. Enunciado 18. O capital social da sociedade limitada poderá ser integralizado, no todo ou em parte, com quotas ou ações de outra sociedade, cabendo aos sócios a escolha do critério de avaliação das respectivas participações societárias, diante da responsabilidade solidária pela exata estimação dos bens conferidos ao capital social, nos termos do art. 1.055, § 1º, do Código Civil. AGUIAR JÚNIOR, 2013.

jurídicas acabam tendo vida muito mais longa do que a das pessoas que as criaram. São pessoas diferentes que não se confundem. Cada sócio terá a responsabilidade determinada de acordo com o tipo social existente. Observe-se que em nosso sistema legislativo permite-se a criação de pessoas jurídicas com características diversas e para finalidades, também, distintas. Dependendo do tipo social, os sócios que as formam terão responsabilidade em comum com elas, ou seja, seus patrimônios pessoais responderão solidariamente com os das sociedades, ou não. Lembra Requião, a respeito do tema, que "no estudo da responsabilidade do sócio devemos considerar a espécie de sócio, pois da natureza de cada um se determina a extensão de sua responsabilidade. O sócio será ou de responsabilidade limitada ou de responsabilidade ilimitada".[86]

Assim, por exemplo, se a pessoa jurídica (sociedade) contrai determinada dívida, não se pode conceber a probabilidade de que a pessoa física (sócios) responda por obrigações que ela não assumiu. Nada mais que a aplicação dos princípios contratuais básicos de que cada contratante responde por aquilo que ele próprio firmou, não se estendendo a obrigação a pessoa diversa da relação negocial firmada.

A liberdade de contratação decorre da autonomia da vontade, sendo lícito à parte suscitar efeitos reconhecidos e tutelados pela ordem jurídica, através da declaração de sua vontade. Sabendo-se que a liberdade de contratar possui três aspectos, quais sejam, (a) o de contratar propriamente dita, (b) o relativo àquele poder de suscitar efeitos na ordem jurídica e no mundo dos fatos, e (c) de estipular contrato e de determinar o conteúdo contratual,[87] nada mais lógico que cada qual responda por aquilo que negociou ou contratou.

---

[86] REQUIÃO, Rubens. *Curso de direito comercial*. São Paulo: Saraiva, 1988, p. 310.

[87] GOMES, Orlando. *Contratos*. 15. ed. Rio de Janeiro: Forense, 1995, p. 22-24.

Sendo a sociedade regularmente constituída, seguirá, assim, o que o conteúdo contratual determinar, respeitando-se o tipo de sociedade que se formar. Se a constituição for irregular, ou seja, se os atos constitutivos sociais não forem inscritos no órgão competente, o novo sistema reconhece que tais sociedades são *em comum*, ordinariamente conhecidas como *sociedades de fato* e que, no âmbito do Código Civil ganham regulamentação e reconhecimento legal (arts. 986 a 990, CC). Todavia, não se olvide, continuam sendo entes despersonalizados.

Assim, uma vez constituída regularmente, a personalidade jurídica dos entes sociais passa a gerar certos efeitos. Rubens Requião elenca os principais tipos, podendo-se condensá-los da seguinte forma:

> 1ª) Considera-se a sociedade uma pessoa, isto é, um sujeito "capaz de direitos e obrigações". Pode estar em juízo por si, contrata e se obriga.
> 2ª) Tendo a sociedade, como pessoa jurídica, individualidade própria, os sócios que a constituírem com ela não se confundem, não adquirindo por isso a qualidade de comerciantes (...).
> 3ª) A sociedade com personalidade adquire ampla autonomia patrimonial. O patrimônio é seu, e esse patrimônio, seja qual for o tipo da sociedade, responde ilimitadamente pelo seu passivo.
> 4ª) A sociedade tem a possibilidade de modificar a sua estrutura, quer jurídica, com a modificação do contrato adotando outro tipo de sociedade, quer econômica, com a retirada ou ingresso de novos sócios, ou simples substituição de pessoas, pela cessão ou transferência da parte capital.[88]

Diante do que já se disse, a teoria da personalidade das pessoas jurídicas, portanto, tem como consequência lógica que, sendo a pessoa

---

[88] REQUIÃO, 1988, p. 287.

dos sócios distinta da pessoa da sociedade, seus patrimônios seriam inconfundíveis.

A teoria da empresa, adotada pelo novo ordenamento jurídico, apenas ampliou o alcance dos contornos que delimitam o direito civil e comercial. Nem sempre o fenômeno da personalidade vai caracterizar o tipo de responsabilidade de seus sócios, pois há tipos sociais personalizados em que os sócios têm responsabilidade ilimitada e outros absolutamente opostos.

O que vai definir o limite de responsabilidade dos sócios é o tipo social e não o fato de ser a sociedade personalizada ou não.

Pode-se, em aparteada síntese, afirmar que as pessoas jurídicas que possuem a forma de sociedades podem, no direito nacional, revestir-se de formas variadas, emprestando o direito a cada uma delas, uma estrutura diferente consoante a intenção de que as pessoas físicas que a constituem desejarem.

4.5 Do empregador no direito do trabalho

Há grande divergência em torno do conceito de empregador trazido pela Consolidação das Leis do Trabalho. O legislador optou por uma definição legal inserida no art. 2º da Consolidação das Leis do Trabalho, dizendo ser "empregador a empresa, individual ou coletiva, que assumindo os riscos da atividade econômica, assalaria e dirige a prestação pessoal de serviços (*in verbis*)". Tal conceituação acabou por causar divergências principalmente porque, para uns, empresa é sujeito de direito e, para outros, objeto de direito. Para aqueles primeiros, pode-se, assim, atribuir personalidade jurídica à empresa; para os segundos, a definição deveria ser outra.

Já dissemos que empresa é objeto de direito. Uma das razões por que o legislador da reforma civil optou por definir o empresário, ou seja, aquele responsável pelo exercício da atividade empresarial, que organiza capital, trabalho, meios de produção com o fim de colocar em circulação bens ou serviços, deu-se, justamente, por considerar que a empresa é objeto e não sujeito de direito. A empresa, assim, é objeto de direito: é uma organização abstrata voltada a finalidade produtiva e de circulação de riqueza. O empresário é o profissional que exerce atividade empresarial[89].

Estabelecimento,[90] outra figura jurídica que não se confunde com a empresa ou empregador, é complexo de bens *organizado para o exercício da empresa, por empresário, ou por sociedade empresária* (art. 1.142, Código Civil, *in verbis*). Da conceituação legal decorre que a sociedade simples, fundações e associações não possuem estabelecimento, já que esta figura é típica das atividades empresariais.

Portanto, é equivocada a conceituação de que o empregador é a empresa, insistindo o legislador na falha quando conceitua no § 1º daquele dispositivo o que a doutrina e jurisprudência chamam de *empregador por equiparação*.

---

[89] Enunciado 194 – Art. 966: Os profissionais liberais não são considerados empresários, salvo se a organização dos fatores da produção for mais importante que a atividade pessoal desenvolvida; Enunciado nº 197 – Arts. 966, 967 e 972: A pessoa natural, maior de 16 e menor de 18 anos, é reputada empresário regular se satisfizer os requisitos dos arts. 966 e 967; todavia, não tem direito a concordata preventiva, por não exercer regularmente a atividade por mais de dois anos.; Enunciado nº 198 – Art. 967: A inscrição do empresário na Junta Comercial não é requisito para a sua caracterização, admitindo-se o exercício da empresa sem tal providência; Enunciado nº 199 – Art. 967: A inscrição do empresário ou sociedade empresária é requisito delineador de sua regularidade, e não da sua caracterização. ENUNCIADOS da Jornada de Direito Civil da CFJ. Brasília: Conselho de Justiça Federal, 2015. Disponível em: https://odireitoempresarial.blogspot.com/search/label/enunciados. Acesso em: 7 jan. 2022.

[90] Fábio Ulhoa Coelho define estabelecimento como o "conjunto de bens que o empresário reúne para exploração de sua atividade. É elemento indissociável da empresa. É composto por bens materiais e imateriais. Não se confunde com aviamento (ou fundo de comércio) que é o potencial de lucratividade da empresa. Aviamento e clientela não são elementos do estabelecimento". COELHO, Fábio Ulhoa. *Manual de direito comercial*. 14. ed. São Paulo: Saraiva, 2013, p. 96-102.

A caracterização de empregador decorre do conceito de empregado e se dá pela relação jurídica contratual estabelecida. Empregador é sujeito de contrato de trabalho, de forma que pode ser empregador a pessoa física, jurídica ou mesmo as chamadas massas patrimoniais. Não se pode dizer que há despersonalização da figura do empregador no conceito estabelecido na CLT, como sustentou Mauricio Godinho Delgado, a fim de "autorizar a ordem jurídica justrabalhista a plena modificação do sujeito passivo da relação de emprego (o empregado), sem prejuízo da preservação completa do contrato empregatício com o novo titular".[91]

A figura do empregador, embora não o diga a Consolidação das Leis do Trabalho, cria na relação de emprego uma certa pessoalidade, o que auxiliará na caracterização, inclusive, da existência do vínculo de emprego. Não se trata da pessoalidade estrita prevista no art. 3º da Consolidação das Leis do Trabalho em razão da pessoa do empregado e na mesma proporção. Trata-se, sim, de o empregado estar vinculado a uma pessoa física ou jurídica, com ou sem finalidade lucrativa, ou mesmo a uma pessoa formal. O essencial para caracterizar o empregador é tê-lo como sujeito do contrato de trabalho, que dirige a prestação do serviço e exige um estado de subordinação forte, diferenciando-o da prestação de serviços autônomos ou de outras figuras inerentes a contratos de natureza civil. Tanto é verdade que os arts. 10 e 448 da Consolidação das Leis do Trabalho dispõem que não terão qualquer relevância as alterações na constituição interna ou externa da pessoa jurídica, vinculando-se o empregado ao sujeito contratual empregador,

---

[91] DELGADO, Maurício Godinho. *Curso de direito do trabalho*. São Paulo: LTr, 2002, p. 381-382.

que não se confunde com as pessoas físicas que compõem uma pessoa jurídica, por exemplo.[92]

Portanto, a noção de que as pessoas elencadas no art. 2º, § 1º, da CLT, nominadas muitas vezes de empregadoras por equiparação, na verdade diz menos do que é posto que as pessoas lá elencadas são empregadoras originariamente, desde que vinculadas a um contrato de trabalho, e não são empregadoras por simples equiparação.

O empregador não é o empresário ou o empreendedor, mas sim a pessoa jurídica quando voltada à prática da atividade empresarial ou qualquer outra pessoa, de qualquer outra natureza, ou sujeito que exija subordinação e assalarie alguém a prestação de um serviço, formando, assim, vínculo de natureza empregatícia.

A existência de riscos da atividade econômica, tratada no *caput* do art. 2º, igualmente não é esclarecedora, ou suficiente, posto que há atividades não econômicas, como é a situação das organizações

[92] Ensina Evaristo de Moraes Filho que "pouco importa aos exercentes de uma relação de emprego as transformações que se operem na estrutura jurídica do organismo fazendário: venda, cessão, doação, alteração, fusão, locação, usufruto ou qualquer outra modificação quanto à sua propriedade ou titularidade. O único critério válido e indispensável é que a empresa ou estabelecimento apresente reais e objetivas condições de sobrevivência e de continuidade. No seu exercício, com todos ou alguns elementos indispensáveis para o seu funcionamento. O que importa é a manutenção do seu aviamento, i.e., a esperança de lucros futuros, seu verdadeiro objetivo organizacional (...) Em direito do trabalho (...), para que haja sucessão nos direitos e obrigações da empresa, é bastante *in concreto*, identidade de finalidade econômica entre sucessor e sucedido, com permanência do pessoal". MORAES FILHO, Evaristo de. *Sucessão nas obrigações e a teoria da empresa*. São Paulo: RT, 1959, p. 235-236. Observe, ainda, Enunciado 59. A mera instalação de um novo estabelecimento, em lugar antes ocupado por outro, ainda que no mesmo ramo de atividade, não implica responsabilidade por sucessão prevista no art. 1.146 do CCB.
Referência Legislativa: art. 1.146 do Código Civil. Justificativa: A responsabilidade por sucessão do adquirente do estabelecimento foi recepcionada pelo CCB, no art. 1.146, do qual decorrem dois aspectos que são fundamentais: (1) a existência do contrato de trespasse; e (2) o alcance da responsabilidade do adquirente, que está adstrito às obrigações contabilizadas do alienante. Assim, na hipótese em que não haja um negócio jurídico de alienação do estabelecimento, não há como se cogitar da responsabilidade por sucessão de que trata o art. 1.146 do CCB. É o caso de um empresário instalar-se em lugar antes ocupado por outro, ainda que se trate do mesmo ramo de atividade do anterior ocupante. Parece ser relevante a formulação de enunciado como o proposto, pois a situação fática aqui envolvida é bastante comum na vida empresarial e nem sempre encontra, na jurisprudência, a correta aplicação da lei.

sociais e fundações, por exemplo, onde não se tem nenhuma intenção de risco da atividade e, muito menos, atividade econômica, posto que a tais pessoas é vedado, expressamente, desenvolver qualquer finalidade lucrativa ou de interesse econômico.

O fato de determinadas sociedades sofrerem alterações e ter previsto o legislador que essas não afetam os contratos de trabalho em curso (arts. 10 e 448 da Consolidação das Leis do Trabalho) funda-se no princípio da continuidade do contrato de trabalho e prestação de serviço. Em qualquer situação de transformação de sociedades, cisão, fusão, incorporação, cessão de quotas ou mudança no quadro societário da pessoa jurídica, em nenhum momento, causará prejuízo às pessoas que com ela contrataram, ao contrário, o direito assegura-lhes a reparação por eventual dano e conserva as relações negociais estabelecidas. Justamente porque a pessoa jurídica ou formal é sujeito do contrato e tem autonomia para praticar negócios em seu próprio nome é que qualquer alteração que vier a sofrer em sua estrutura ou funcionamento não altera os contratos em curso, salvo em situações de dissolução da pessoa jurídica e sua liquidação, cuja solução será dada em cada caso concreto e dependendo de cada situação jurídica ocorrida.

Quando dizemos, portanto, haver certa pessoalidade na figura do empregador, isso significa que, para o empregado, sujeito do contrato de trabalho no outro polo negocial, importa a pessoa a que está vinculado, com exclusão de qualquer outra, já que é a ela que ele deve a prestação de serviço e a ela e suas regras que está subordinado.

Quanto ao grupo de empresa, instituto trazido no inciso II do art. 2º da Consolidação das Leis do Trabalho, é figura jurídica também criada visando à proteção da relação de emprego. O legislador acabou por não se expressar bem quando se refere ao grupo de empresas nas situações em que cada uma das empresas, embora tendo personalidade jurídica própria, estiver sob direção, controle ou administração de outra. Para a caracterização de grupo não se faz necessário que haja situações simplesmente de direção, controle ou administração de uma empresa pela outra.

Nem toda coligação é grupo e nem todo grupo é juridicamente formado, sendo aceitáveis as situações de grupos de fato, em que há duas ou mais sociedades em que uma controla a outra sem que haja manifesta subordinação.[93] Os grupos econômicos podem apresentar-se de forma subordinada, situação em que uma empresa tem poder de controle sobre as demais; ou de forma coordenada, em que não há dominantes e dominadas, mas simples atividade de coordenação entre as empresas do grupo. Esta noção de grupo foi inerida na CLT pela reforma de 2017 em que o legislador buscou conceituar e delimitar o grupo justamente para evitar as várias confusões que pudesse causar a redação original do dispositivo. Com isso, parece que de uma vez por todas o intérprete não poderá gerar mais qualquer confusão, até porque o instituo de grupo econômico deve ter sua natureza empresarial respeitada.

O fato de o legislador trabalhista prever a responsabilidade solidária entre as empresas do grupo não faz com que se altere a compreensão desse instituto tipicamente de natureza empresarial.

Os consórcios, em geral, não são formações de grupo econômico. Somente haverá a caracterização de grupo quando nas coligações formadas as pessoas não conservarem sua independência jurídica e econômica e poder de organização.

Importante frisar que o grupo não se caracteriza, necessariamente, por ser a mesma pessoa, sócio ou administrador de duas ou mais

---

[93] COMPARATO, Fábio Konder. *Direito empresarial*. São Paulo: Saraiva, 1995.

empresas. Necessário para sua caracterização de grupo que se faça presente àquela dependência acima mencionada. Para auxiliar a interpretação, pode-se socorrer das disposições constantes no art. 269 da Lei nª 6.404/1976.

Ressalte-se, ainda, que o Conselho Europeu publicou a Diretiva 94/45 em 22/09/1994 orientando e regulando os chamados grupos de empresa de dimensão comunitária. Observe-se que, segundo consta dos *consideranda* daquele documento, as noções ali desenvolvidas não prejudicam a definição de grupo e controle de empresas que tenha sido elaborada por qualquer Estado-membro em período posterior ao daquela edição. Todavia, a diretiva estabelece uma definição importante de grupo de empresas em razão da grande movimentação de trabalhadores dentro da comunidade europeia e o funcionamento do mercado interno que levou (e leva) ao surgimento de concentrações de empresas, fusões transfronteiras, absorções e associações, redundando tudo, em consequência, numa transnacionalização de empresas e grupos de empresas. Assim prevê a diretiva (art. 3º):

> 2. Presume-se que uma influência dominante, sem prejuízo de prova em contrário, quando essa empresa, directa ou indirectamente, em relação a outra: a) Tem a maioria do capital subscrito dessa empresa, ou Dispõe da maioria dos votos correspondentes às partes de capital emitidas por essa empresa, ou
> Pode nomear mais de metade dos membros do conselho de administração, do órgão de direcção ou de fiscalização da empresa.

A chamada presunção da diretiva decorre do fato de que há uma conceituação geral de grupo de empresas e de grupo de empresas de dimensão comunitária, ou seja:

Grupo de empresas", um grupo composto pela empresa que exerce o controlo e pelas empresas controladas;

c) "Grupo de empresas de dimensão comunitária", um grupo de empresas que preencha as seguintes condições:

empregue, pelos menos, 1.000 trabalhadores nos Estados-membros,

possua, pelo menos, duas empresas membros do grupo em Estados-membros diferentes e

inclua, pelo menos, uma empresa do grupo que empregue, no mínimo, 150 trabalhadores num Estado-membro e, pelo menos, outra empresa do grupo que empregue, no mínimo, 150 trabalhadores noutro Estado-membro (art. 2º, definições 1).

A intenção da diretiva é a proteção do trabalhador e não a criação de um novo regulamento de natureza comercial. Isso tornou-se necessário em virtude das transações comerciais entre empresas. O trabalhador não se pode ver desprotegido, ainda mais quando se trata de trabalho desenvolvido fora de seu país[94], servindo de importante fonte de interpretação em nosso direito, em inúmeras situações de formações empresariais complexas, em que há dúvida quanto à existência ou não de grupos. Não se olvide que, no mais das vezes dos casos práticos, temos dificuldades em encontrar uma solução ao caso concreto, de forma que, *mutatis mutandis*, pensamos que é absolutamente salutar recorrer-se a fonte da diretiva desde que não conflite com nosso direito interno (arts. 4º e 5º da Lei de Introdução ao Código Civil).

Uma última observação que gostaria de fazer diz respeito a possibilidade de alienação do controle das sociedades controladas

---

[94] Conselho Europeu, Diretiva 94/1945 em 22/09/1994. Disponível em: http://europe.eu.int/eur-lex/lex/es/legis/20060101/chap_05.pdf. Acesso em: 27 out. 2006.

e das controladoras, situação em que haverá, igualmente, alteração na sociedade. As alterações na *estrutura de empresa* não fazem com que ela, efetivamente, desapareça do mundo jurídico, e, por isso, o empregado continua ligado àquela organização em razão dos laços negociais que mantém com a pessoa que o contratou para a prestação de serviços subordinados. Observe-se que o legislador utilizou a nomenclatura de forma equivocada, pois a empresa não se altera, mas sim a estrutura da pessoa jurídica.

Além desses casos antes regulados somente pela Lei das Sociedades por Ações e agora regulados no Código Civil, poderá ocorrer o fenômeno chamado no direito do trabalho de sucessão de empresas, tratada no art. 448, da CLT.

Ocorrerá a sucessão quando uma pessoa sai e ingressa em seu lugar outra pessoa, *substituindo-a*. Há a absoluta absorção de uma pessoa por outra que toma o seu lugar. Lembram Orlando Gomes e Elson Gottschalk que o legislador não utilizou aqui um conceito estritamente jurídico, mas sim quis dar-lhe conotação econômica para evitar a fraude à lei e a direitos de trabalhadores. Ensinam que: "de acordo com o novo critério, haverá sucessão toda vez que a empresa não sofra alteração nos fins para os quais se constituiu, trabalhando os empregados nos mesmos postos, prestando ou podendo prestar os mesmos serviços".[95]

Observe-se que, se houver simples mudança de sócios na sociedade, tecnicamente não há *sucessão de empresas*, mas sim simples alteração do quadro societário, ou seja, na estrutura da empresa, o que podemos chamar de sucessão de empresários.

---

[95] GOMES, Orlando; GOTTSCHALK, Elson. *Curso de direito do trabalho*. 3. ed. Rio de Janeiro: Forense, 1994, p. 338.

Sempre que houver a transferência de um estabelecimento como unidade econômico-jurídica de um para outro titular e sempre que o contrato de trabalho dos empregados não sofrer solução de continuidade, tem-se que estão preenchidos os requisitos indispensáveis para a caracterização da sucessão, sendo admissível a configuração e respetiva declaração.[96]

[96] SÜSSEKIND, Arnaldo; MARANHÃO, Délio; SEGADAS, Viana. *Instituições de direito do trabalho*. 15. ed. São Paulo: LTr, 1995.

RESPONSABILIDADE PATRIMONIAL

5.1 Considerações gerais

Aquele que concretiza um negócio jurídico se obriga na qualidade de devedor e em relação a outra pessoa que é seu credor. O devedor, isto é, a pessoa que, sendo parte passiva numa relação obrigacional, coloca à disposição do credor o seu próprio patrimônio como garantia do cumprimento da obrigação, responderá com seus bens presentes e futuros para o cumprimento da obrigação.[97] Tal é a expectativa do credor que necessita dessa segurança no momento da negociação. Essa é a regra do art. 789, do CPC, cujo conteúdo é de garantia do direito material e tem como finalidade disciplinar a exigibilidade judicial da obrigação.

---

[97] "Em toda obrigação há o dever de prestar (débito), ou seja, o compromisso que o devedor assume de satisfazer ao credor, cumprindo a obrigação; e há, do ponto de vista objetivo, a vinculação ao patrimônio do obrigado, ou de parte dele, a fim de que o credor obtenha a satisfação do seu direito nos bens do devedor, quando este espontaneamente não cumpra a obrigação. Este vínculo patrimonial de sujeição dos bens do devedor para satisfação do credor é que se denomina *responsabilidade*". SILVA, Ovídio A. Baptista. *Curso de processo civil*. 3. ed. São Paulo: RT, 1998, p. 69.

Sendo assim, o devedor que assume uma obrigação responde com seus bens presentes e futuros junto ao credor para o cumprimento daquilo que se obrigou, ou seja, responde com os bens que estão em seu patrimônio no momento da negociação, bem como com todos aqueles que vier a adquirir posteriormente, salvo as exceções legais.

Diz-se, assim, que o devedor, que é o titular da obrigação de concretizar aquilo que se obrigou a fazer, é responsável primário pela obrigação assumida, a qual deverá ser cumprida espontaneamente.

A regra é que é o devedor quem tem de solver sua obrigação assumida perante o credor, obrigação de direito material, que se completa pelos meios processuais de que se pode utilizar o credor para tornar efetiva a responsabilidade do devedor. Assim é que todo o patrimônio do devedor responde imediatamente pelo adimplemento de sua obrigação.

Se o devedor não cumpre a obrigação de modo espontâneo, então surge para o credor o direito de pedir ao Estado que retire do patrimônio do devedor o montante suficiente para satisfazer à obrigação ajustada e frustrada, isto é, pede que o patrimônio que garante a obrigação seja subordinado forçosamente ao seu cumprimento. A regulamentação desses atos executivos é que se faz pela norma processual.

No sistema processual brasileiro, no entanto, a norma processual vai mais longe, trazendo a previsão da responsabilização não só do devedor, mas de terceiros que não participaram da relação negocial mas que, em razão de uma condição particular que possuem, sujeitam-se a execução por dívida alheia. Se o patrimônio do devedor original for insuficiente para responder pelas obrigações assumidas e não cumpridas, poderá a responsabilidade recair sobre pessoas que, embora não tenham obrigação primária, conservam responsabilidade sobre os atos praticados pelo devedor em situações jurídicas absolutamente definidas na lei. Esta condição do responsável é nominada de responsabilidade secundária, criando o legislador um caso típico de *responsabilidade subsidiária ou solidária* de algumas pessoas que elenca no art. 790 do CPC. É a chamada responsabilidade sem débito que depende de expressa disposição da lei[98].

5.2 Responsabilidade dos sócios e administradores

Das várias situações jurídicas trazidas pelo legislador, é a figura da responsabilidade dos sócios e/ou administradores que interessa a este estudo. Antes prevista no art. 592, II, do CPC de 1973, o legislador de 2015 cuidou de ampliar as hipóteses fáticas prevendo expressamente no art. 790, II e VII, não somente a responsabilidade do *sócio nos termos da lei*, mas também *do responsável, nos casos de desconsideração da personalidade jurídica.*

O fenômeno da personalização da pessoa jurídica gera para as pessoas físicas que a compõem a *irresponsabilidade* pelos negócios por ela praticados em razão do princípio da autonomia patrimonial, isto é, integralizado o capital de formação, a sociedade adquire autonomia. Tal assertiva decorre do princípio de que aquele que pratica o negócio jurídico é que irá responder perante o credor pelas obrigações assumidas, máxima esta que decorre do fenômeno da personificação de pessoas fictas e do *princípio da separação patrimonial*. Ensina Orlando Gomes que a *relação obrigacional*, encarada em seu conjunto, é um vínculo jurídico estabelecido entre duas pessoas, em virtude do qual uma delas fica adstrita a satisfazer uma prestação patrimonial de interesses da outra, que pode exigi-la, se não for cumprida espontaneamente, mediante ação sobre o patrimônio do obrigado.[99]

---

[98] MARINONI Luiz Guilherme; ARENHART, Sergio Cruz; MITIDIERO, Daniel. *Novo Código de Processo Civil*. São Paulo: RT, 2015, p. 752.

[99] GOMES, Orlando. *Obrigações*. 2. ed. Rio de Janeiro: Forense, 1963, p. 136.

Sabendo-se que a pessoa jurídica, uma vez constituída regularmente, adquire a personalidade, é ela sujeito de direitos e obrigações nas relações jurídicas que pratica.

As pessoas jurídicas que guardam a natureza de associações e fundações não se submetem às discussões quanto a integrações de capitais, pois a sua formação é absolutamente distinta e elas independem de investimentos para geração de determinado lucro. Assim, nestes casos, o que se vê é a afetação de um património para o atingimento de um objetivo que não está necessariamente ligado a uma atividade lucrativa, apesar de ser necessário que possa ter rendimentos suficientes para manter a atividade que se propõe.

As discussões quanto à afetação de patrimônio de pessoas físicas por atos e omissões de pessoas jurídicas surgem especialmente nas questões societárias, pois, em regra, são as sociedades constituídas para o exercício de funções produtivas e é a sociedade empresária que tem por finalidade aquisição e divisão de lucros. Desta forma, o legislador estabelece, basicamente, dois os tipos de responsabilidade dos sócios ou acionistas, no que diz respeito a possibilidade de comprometerem seu patrimônio pessoal quando integrantes de quadro social, isto é, as pessoas físicas comprometem seu patrimônio de forma limitada ou ilimitada. Naquela primeira situação, integralizado o capital social ou subscritas as ações, é a sociedade que responderá pelos atos praticados, pois a vontade na negociação é sua e não da pessoa física que possui patrimônio absolutamente distinto do seu. No segundo caso, as pessoas físicas acabam por assumir, em razão do tipo social, responsabilidade solidária juntamente com a sociedade, pelas obrigações que elas assumirem como ocorre nas sociedades em comandita simples (art. 1045, CC) e sociedade em nome coletivo (art. 1039, CC).

Nas sociedades em que há estabelecimento de responsabilidade limitada, os sócios se comprometem a responder unicamente pela proporção das quotas que adquirem. Integralizado o capital social, já não respondem em solidariedade com a sociedade pelas obrigações que esta assume, pois a pessoa jurídica passa a ser responsável pelos negócios jurídicos que firmar no mercado, sendo titular de deveres, ónus, direitos e obrigações. Enquanto não integralizado o capital social, todos os sócios respondem pela sua integralização, obrigação estas que as pessoas físicas que a compõe detêm com a pessoa jurídica. Perante terceiros a obrigação de cada sócio deve estar limitada a parcela do capital social que se obrigou a integralizar, inteligência esta que decorre do art. 1052 do CC. A regra que se estabelece é que, uma vez integralizado o capital, os sócios não são responsáveis pelas dívidas da sociedade perante terceiros e, desta forma, se define a separação patrimonial[100].

Portanto, a regra geral é que a pessoa jurídica deverá responder pelos atos e omissões que praticar e seus bens presentes e futuros estarão comprometidos com tais negócios. Sem prejuízo desta máxima, em algumas situações, os bens dos *sócios*, nos termos da lei, e do *responsável*, nos casos de desconsideração de personalidade jurídica, deverão responder, secundariamente, pelas obrigações sociais, exceção esta que somente se admite se verificadas situações predeterminadas em lei, caso em que passam a responder com seus respectivos patrimônios sociais.

---

[100] "3. Em sociedades de responsabilidade limitada, após integralizado o capital social, os sócios não respondem com seu patrimônio pessoal pelas dívidas titularizadas pela sociedade, de modo que o deferimento da sucessão dependerá intrinsecamente da demonstração de existência de patrimônio líquido positivo e de sua efetiva distribuição entre seus sócios. 4. A demonstração da existência de fundamento jurídico para a sucessão da empresa extinta pelos seus sócios poderá ser objeto de controvérsia a ser apurada no procedimento de habilitação (art. 1.055 do CPC/1973 e 687 do CPC/2015), aplicável por analogia à extinção de empresas no curso de processo judicial. 5. A desconsideração da personalidade jurídica não é, portanto, via cabível para promover a inclusão dos sócios em demanda judicial, da qual a sociedade era parte legítima, sendo medida excepcional para os casos em que verificada a utilização abusiva da pessoa jurídica. Superior Tribunal de Justiça, Agravo de Instrumento nº 2062981-02.2021.8.26.0000 – 23/11/2021 - Desembargador Relator João Carlos Saletti.

Era necessário que a regra processual trouxesse este leque excepcional que foi aberto, para viabilizar que, em situações jurídicas extraordinárias, aqueles que se vinculavam por alguma razão ao devedor pudessem ter seu património comprometido para pagamento dos credores do devedor primário. A inserção se fazia necessária, pois, a considerar que o direito processual deve servir a realização do direito material, era preciso que os institutos e procedimentos se adaptassem às novas realidades trazidas pelas leis materiais que passaram a prever expressamente o instituto da desconsideração da personalidade jurídica o que, antes do advento do Código de Defesa do Consumidor, decorria de interpretação jurisprudencial.

É certo que todas as regulamentações dos variados tipos de pessoas jurídicas preveem a responsabilidade dos sócios ou administradores, seja de forma direta ou subsidiária, justamente pelo dever que têm de responder pelas obrigações assumidas no exercício da administração ou da qualidade de sócio.

A situação de se responsabilizar o sócio ou administradores por obrigações da sociedade é fundada em circunstâncias especiais, cujos contornos e limites serão dados pela lei material e não instrumental. Daí o cuidado do legislador de elencar as pessoas determinadas no art. 790 do CPC como responsáveis subsidiários. Não obstante, há que pontuar que as situações de responsabilidade patrimonial secundária são de natureza processual e incidem a partir do momento em que é decretada pelo juiz, independentemente de quando o débito tenha sido constituído. Não é possível constranger o patrimônio dos sócios ou administradores, sem o consentimento do legislador, de modo que o redirecionamento da execução da pessoa jurídica para a física somente se admitirá nos casos previstos em lei, garantindo-se ao sócio e/ou administrador réu, quando houver responsabilidade pelo pagamento da dívida social, exigir que primeiro sejam excutidos os bens sociais e só depois os seus (benefício de excussão - *exceptio excussionis*), desde que indique bens situados na mesma comarca e que estejam eles desembargados (art. 795, CPC)[101].

Oportuno lembrar que a decisão proferida no ARE 116361/SP em que se discutiu a inserção de empresas do mesmo grupo na fase de execução de sentença, o STF se manifesta em relação a decisões proferidas na Justiça do Trabalho no que concerne a atribuição de responsabilidade *às* empresas do grupo econômico que não participaram do processo de conhecimento. Ressalta o Ministro Relator que:

> a partir do advento do Código de Processo Civil de 2015, merece revisitação a orientação jurisprudencial do Juízo ***a quo*** no sentido da viabilidade de promover-se execução em face de executado que não integrou a relação processual na fase de conhecimento, apenas pelo fato de integrar o mesmo

---

[101] "EMBARGOS DE DEVEDOR. BEM DE FAMÍLIA. FIADOR. PENHORABILIDADE. ARTIGO 3º, INCISO VII, DA LEI 8.009 / 90. EXCESSO DE PENHORA. ALEGAÇÃO. MOMENTO POSTERIOR À AVALIAÇÃO DO IMÓVEL. Não se mostra inconstitucional a nova exceção trazida pelo Artigo 82, da Lei 8.245 / 91, à impenhorabilidade do bem de família, na hipótese de responsabilidade decorrente de fiança locatícia, por se tratar de mera opção política do legislador, não sendo dado ao Judiciário alterá-la, sob pena de usurpação de competência. Não há que se falar em excussão dos bens do devedor principal, antes de se atingir os bens do fiador, quando se tratar de hipótese de fiança solidária, havendo previsão contratual que exclui a possibilidade de benefício de ordem. Deve-se rejeitar a alegação de excesso de penhora quando o devedor apenas alega que o imóvel seria mais valorizado do que indicou o oficial de justiça em sua avaliação, sem, contudo, comprovar tal afirmação (Tribunal de Justiça de Minas Gerais, Apelação Cível Processo nº 2.0000.00.496990-8/000, 09/05/2006, Relator(a): Des.(a) Pereira da Silva).
"APELAÇÃO CÍVEL. EMBARGOS DO DEVEDOR. AÇÃO DE EXECUÇÃO. CONTRATO ADMINISTRATIVO DE PRESTAÇÃO DE SERVIÇOS. TÍTULO EXCUTIVO EXTRAJUDICIAL EXISTENTE. FIANÇA. EXCUSSÃO DOS BENS DE DEVEDOR INSOLVENTE. IMPOSSIBILIDADE. RECURSO NÃO PROVIDO.
1. O título executivo apto a embasar ação de execução deve ser certo, líquido e exigível, não demandando acertamento. 2. O contrato administrativo que contém todos os elementos legais tem força de título executivo extrajudicial. 3. A fiança é uma forma de garantia em que uma pessoa responde por determinada dívida, caso o devedor principal não a cumpra. 4. O benefício da excussão é um dos direitos previstos nos efeitos da fiança, do qual não aproveita o fiador no caso de insolvência do devedor principal. 5. Apelação cível conhecida e não provida, mantida a rejeição dos embargos do devedor (Tribunal de Justiça de Minas Gerais, Apelação Cível nº 1.0542.13.000771-0/001, 26/05/2015, Relator(a): Des.(a) Caetano Levi Lopes).

> grupo econômico para fins laboráis (....) ao desconsiderar o comando normativo inferido do 3 §5o do art. 513 do CPC, lido em conjunto com o art. 15 do mesmo diploma legal, que, por sua vez, dispõe sobre a aplicabilidade da legislação processual na ausência de normas que regulem processos eleitorais, trabalhistas ou administrativos, o Tribunal de origem afrontou a Súmula Vinculante 10 do STF e, por consequência, a cláusula de reserva de plenário, do art. 97 da Constituição Federal[102].

A pergunta que o intérprete poderia fazer neste momento seria quanto *à* distinção entre a figura do inciso II e do inc. VII do art. 790, CPC, correndo-se o risco de pensar que o legislador poderia ter usado palavras inúteis, o que não é verdade. No caso da atribuição da responsabilidade secundária aos sócios (inc. II), a intenção do legislador foi determinar que a afetação ao patrimônio das pessoas físicas se dará somente nos casos previstos em lei; enquanto o instituto da desconsideração da personalidade jurídica (inc. VII) desafia ação própria ou incidente de desconsideração da personalidade jurídica em situações que o princípio da autonomia patrimonial é quebrado[103].

No caso das pessoas jurídicas sem finalidade lucrativa, como ocorre com as associações e fundações, a responsabilidade de seus dirigentes

---

[102] STF, Recurso Extraordinário com Agravo 1160361 São Paulo, Relator Ministro Gilmar Mendes, 10/09/2021.

[103] "1. A desconsideração da personalidade jurídica não se assemelha à ação revocatória falencial ou à ação pauliana, seja em suas causas justificadoras, seja em suas consequências. A primeira (revocatória) visa ao reconhecimento de ineficácia de determinado negócio jurídico tido como suspeito, e a segunda (pauliana) à invalidação de ato praticado em fraude a credores, servindo ambos os instrumentos como espécies de interditos restitutórios, no desiderato de devolver à massa, falida ou insolvente, os bens necessários ao adimplemento dos credores, agora em igualdade de condições (arts. 129 e 130 da Lei n.º 11.101/05 e art. 165 do Código Civil de 2002). 2. A desconsideração da personalidade jurídica, a sua vez, é técnica consistente não na ineficácia ou invalidade de negócios jurídicos celebrados pela empresa, mas na ineficácia relativa da própria pessoa jurídica - rectius, ineficácia do contrato ou estatuto social da empresa -, frente a credores cujos direitos não são satisfeitos, mercê da autonomia patrimonial criada pelos atos constitutivos da sociedade. 3. Com efeito, descabe, por ampliação ou analogia, sem

será resolvida nos termos das respectivas legislações que as norteiam, como ocorre por exemplo com as Organizações Sociais (Lei nº 9.637/1998) que permite a instituição de *pessoas jurídicas de direito privado, sem fins lucrativos, cujas atividades sejam dirigidas ao ensino, à pesquisa científica, ao desenvolvimento tecnológico, à proteção e preservação do meio ambiente, à cultura e à saúde* (art. 1º). Esta lei prevê a responsabilidade não somente dos administradores das Organizações Sociais, mas também dos fiscais que possuem o dever de fiscalização do contrato e gestão admitindo o requerimento judicial para a *indisponibilidade dos bens da entidade e o sequestro dos bens dos seus dirigentes, bem como de agente público ou terceiro, que possam ter enriquecido ilicitamente ou causado dano ao patrimônio público* (art. 10).

Portanto, a referência a sócio traçada pelo legislador no inciso II do art. 790, CPC dirige-se unicamente às sociedades e não aos demais tipos de pessoas jurídicas.

Por fim, as questões relacionadas a pessoa pública relativas aos entes da administração direta serão resolvidas pelas leis de responsabilidade fiscal (Lei Complementar 101/2000) e licitação (Lei nº 8.666/1993 e 14.133/2021) lembrando que o Estado tem responsabilidade objetiva pela prática de ato de seus agentes (art. 37, CF). A Lei nº 8.429/1992 regulamentou as sanções aplicáveis em virtude da prática de atos de improbidade atingindo os órgãos da administração direta e indireta, no âmbito dos poderes Executivo, Legislativo e Judiciário nas esferas federal, estadual e municipal. A lei atinge terceiros que não sejam agentes públicos e que de alguma forma tenham concorrido ou induzido de forma dolosa o ato de improbidade (art. 1º, *caput*) e permite o pedido de indisponibilidade dos bens particulares das rés na ação de improbidade administrativa

---

qualquer previsão legal, trazer para a desconsideração da personalidade jurídica os prazos decadenciais para o ajuizamento das ações revocatória falencial e pauliana" Superior Tribunal de Justiça, RECURSO ESPECIAL nº 2010/0022474-9, em 5/4/2011. Relator(a) Ministro Luis Felipe Salomão.

em caráter antecedente ou incidente com a finalidade de garantir a integral recomposição do erário ou do acréscimo patrimonial resultante de enriquecimento ilícito (art. 16). Por fim, a indisponibilidade de bens de terceiro ficará sujeita a *demonstração da sua efetiva concorrência para os atos ilícitos apurados ou, quando se tratar de pessoa jurídica, da instauração de incidente de desconsideração da personalidade jurídica, a ser processado na forma da lei processual* (art. 16, par. 7º)[104].

5.3 Posição jurídica do sócio e/ou administrador

Fixada a posição de que apenas se admite a responsabilidade secundária e as hipóteses de desvio da obrigação à pessoa estranha a relação de direito material originária, importa saber, então, em que qualidade o sócio, ou administrador, ingressa na relação processual. No âmbito do CPC de 1973 havia divergência na doutrina e jurisprudência, de modo que duas correntes surgiram. A primeira, daqueles que entendiam ser o sócio ou administrador um terceiro,

---

[104] "4. A indisponibilidade de bens, para os efeitos da Lei nº 8.429/92, só pode ser efetivada sobre os adquiridos posteriormente aos atos supostamente de improbidade. 5. A decretação da disponibilidade e o seqüestro de bens, por ser medida extrema, há de ser devida e juridicamente fundamentada, com apoio nas regras impostas pelo devido processo legal, sob pena de se tornar nula. 6. Inocorrência de verificação dos pressupostos materiais para decretação da medida, quais sejam, existência de fundada caracterização da fraude e o difícil ou impossível ressarcimento do dano, caso comprovado. 7. Enquanto os bens financiados em garantia ao contrato não forem buscados e executados, em caso de inadimplência, para sustentar, com as suas vendas, as prestações assumidas, é impossível, juridicamente, falar-se em prejuízo patrimonial decorrente do referido negócio jurídico. Os bens financiados são da empresa arrendadora; são apenas entregues ao financiado que, após o término do contrato, poderá optar pela sua compra. 8. Inobservância do Princípio da Proporcionalidade ("mandamento da proibição de excesso"), tendo em vista que não foi verificada a correspondência entre o fim a ser alcançado por uma disposição normativa e o meio empregado, a qual deve ser juridicamente a melhor possível. 9. A desconsideração da pessoa jurídica é medida excepcional que só pode ser decretada após o devido processo legal, o que torna a sua ocorrência em sede liminar, mesmo de forma implícita, passível de anulação" (Superior Tribunal de Justiça, AgRg no REsp 422583 / PR agravo regimental no recurso especial 2002/0035457-5, em 20/06/2002, Relator Ministro José Delgado).

estranho a ação executiva ou de conhecimento; a segunda, dos que entenderam serem eles sujeito passivo na execução.

Parece que o CPC de 2015 acabou por vez com as discussões em torno desta questão, porque inseriu no sistema jurídico o instituto do incidente de desconsideração da personalidade jurídica. Portanto, para que os bens dos sócios ou administradores da pessoa jurídica sejam alcançados pela execução, é necessária a instauração do incidente (art. 133 e ss do CPC). Sempre entendi que a norma jurídica e o sistema em que ela está inserida não comportavam outra conclusão que não a de considerá-lo sujeito passivo da execução, o que desafiava, em sua defesa, embargos do devedor sem prejuízo, evidentemente, de se processar os embargos de terceiro em razão da dúvida que havia quanto ao tema.

A declaração de desconsideração da personalidade jurídica provoca um alargamento na relação processual. Se o sócio não faz parte do título executivo originário, não será considerado devedor primário. Observe-se que no sistema atual o legislador tornou possível que o sócio e/ou administrador, desde logo, assuma a qualidade de réu no processo de conhecimento, inteligência esta que decorre do parágrafo 2º do art. 134 do CPC c/c art. 855,-A CLT, ocasião em que, em havendo condenação, será, desde logo, responsabilidade primária pelo pagamento, não se aplicando o art. 790, CPC e sim o art. 786 c/c art. 789, CPC e 878 e 880, CLT.

Observe-se que, caso o sócio e/ou administrador ocupe o polo passivo da ação de conhecimento, caso em que não haverá que se falar em incidente de desconsideração da personalidade jurídica, a inicial deverá fundar-se em dois fundamentos de direito material distintos: um, contra a pessoa jurídica que é a titular da relação obrigacional originária com aquele que se apresenta como credor; outro, contra a pessoa física, cujo fundamento é justamente qualquer um daqueles que formam o conteúdo da norma legal que permite a desconsideração da personalidade jurídica. Trata-se de legitimidade ordinária tanto da pessoa física como da pessoa jurídica para compor o polo passivo da ação de conhecimento, não havendo que se falar em redirecionamento da execução ou da cobrança, mas sim em julgamento de mérito da pretensão veiculada.

O fundamento da norma que permite a desconsideração da personalidade jurídica e o redirecionamento da cobrança é de garantir o credor, concedendo-lhe segurança jurídica. Como ensina Teori Albino Zavascki, há casos em que, por força de lei, o patrimônio pessoal dos sócios constitui uma espécie de garantia dos credores da sociedade, e nessa condição está sujeito a ser chamado para, subsidiariamente, responder pelas obrigações sociais (...) Em qualquer dos casos de responsabilidade subsidiária, proposta a execução contra a pessoa jurídica e não tendo ela força patrimonial suficiente para suportar a obrigação, poderão os atos executivos ser "redirecionados contra o patrimônio do sócio responsável".[105]

A hipótese trazida pelo art. 790 e 795 do CPC é uma exceção legal, permitindo o legislador que o responsável secundário, estranho ao título judicial, ingresse na relação jurídica a fim de garantir, com seu patrimônio, o crédito não honrado pelo obrigado direto que está vinculado em razão de uma previsão legal ou contratual. Há concessão legislativa, assim, para se elastecer, inclusive, o próprio título judicial, se nele se fundar a execução.

Como decidido pelo Egrégio Supremo Tribunal Federal, o Ministro relator Sálvio de Figueiredo Teixeira, já analisava no âmbito do CPC de 1973:[106]

---

[105] ZAVASCKI, Teori Albino. *Comentários ao Código de Processo Civil*: do processo de execução. São Paulo: RT, 2000, p. 266-267.

[106] Superior Tribunal de Justiça Resp. 225051/DF; em 07/01/2000, Recurso Especial 1999/0068128-2 Ministro Relator Sálvio de Figueiredo Teixeira.

PROCESSO CIVIL. EXECUÇÃO DE TÍTULO JUDICIAL RESPONSABILIDADE PATRIMONIAL. ART. 592, CPC. OFENSA À COISA JULGADA. INEXISTÊNCIA. VÍNCULO SOCIETÁRIO. OBRIGAÇÃO E RESPONSABILIDADE (SCHULD E HAFTUNG). DISREGARD DOCTRINE INVOCAÇÃO EXEMPLIFICATIVA. RECURSO DESACOLHIDO. I – O princípio da responsabilidade patrimonial, no processo de execução, origina-se da distinção entre débito (Schuld) e responsabilidade (Haftung), admitindo a sujeição dos bens de terceiro à excussão judicial, nos limites da previsão legal. II– A responsabilidade pelo pagamento do débito pode recair sobre devedores não incluídos no título judicial exeqüendo e não participantes da relação processual de conhecimento, considerados os critérios previstos no art. 592, CPC, sem que haja, com isso, ofensa à coisa julgada. III – O processo de conhecimento e o de execução têm autonomia, cada qual com seus pressupostos de existência e validade. Enquanto no primeiro se apura a obrigação, no segundo se permite ao credor exigir a satisfação do seu direito.

5.4 Limite da responsabilidade

O limite da responsabilidade pessoal da pessoa física quando na posição de devedor secundário vai depender do tipo societário, das circunstâncias do caso concreto e adequação da conduta ao tipo estabelecido na lei ou, por exemplo, grau de culpa ou dolo do gestor na má administração da pessoa jurídica ou do conteúdo e impactos do suposto ato viciado praticado.

Como já disse, para a atribuição da responsabilidade pessoal, é necessário que se profira declaração judicial que reconheça a quebra da autonomia patrimonial, proferida em incidente de desconsideração da personalidade jurídica ou na ação direta proposta em face da pessoa (responsável) secundária. A previsão legislativa da necessidade de se instaurar o incidente se deu justamente para permitir que o responsável secundário pudesse exercer seu direito de defesa e em respeito ao devido processo legal.

No que concerte a pessoa do administrador[107], também poderá ser responsabilizado de forma secundária, ainda que cumule a condição jurídica de empregado da pessoa jurídica, ocasião em que cumulará a posição de responsável pela administração da pessoa jurídica e de empregado subordinado, hipótese esta que o legislador celetista ignorou.

O Código Civil tratou da responsabilidade do administrador em diversas passagens prevendo a mesma condição e atribuição de responsabilidade pela gestão que conferiu aos sócios quando estão na mesma posição, ou seja, para o legislador é indiferente se o administrador detém capital social ou se é um terceiro contrato, sua responsabilidade deve ser a mesma e seu zelo e dedicação coerente com a posição que ocupa. O objetivo do legislador não está, necessariamente, no fato de ser a pessoa física ou administrador, mas sim na responsabilidade que deve guardar quando esteja na administração da pessoa jurídica que negocia

---

[107] " CUMPRIMENTO DE SENTENÇA Desconsideração da personalidade jurídica Pedido formulado pela parte credora de desconsideração da personalidade jurídica da sociedade devedora - Pretensão foi lastreada em alegações de existência de grupo econômico, com abuso da personalidade jurídica, ante a existência de confusão patrimonial Embora inexistente identidade de endereços, como restou demonstrada que a empresa objeto do pedido de desconsideração de personalidade jurídica tem o mesmo quadro social, o mesmo sócio administrador e objeto social, que compreende as mesmas atividades, da parte executada, é de se reconhecer que restou caracterizada (a) a existência de grupo econômico, com estrutura meramente formal, em que diversas pessoas jurídicas exercem as mesmas atividades, sob unidade gerencial, laboral e patrimonial, com desvio de finalidade e confusão patrimonial entre as pessoas jurídicas em questão e, (b) consequentemente da prática de abuso da personalidade jurídica, mediante as sociedade empresárias em questão, (c) que autoriza o acolhimento da desconsideração inversa da personalidade jurídica, nos exatos termo do art. 50, § 2º, III, CC, (d) impondo-se em consequência, a reforma da r. decisão agravada, para acolher o pedido de desconsideração da personalidade jurídica oferecido pela parte agravante para incluir no polo passivo do cumprimento de sentença por ela inicial a entidade, cujo patrimônio busca alcançar, fazendose a devidas anotações e comunicações inclusive ao distribuidor" (Tribunal de Justiça de São Paulo, Agravo de Instrumento nº 2121266-85.2021.8.26.0000).

com terceiros e trabalha para realizar as finalidades do objeto social da sociedade que administra e cumprir com o objetivo para o qual foi criada.

A pergunta que poderia ser feita é, sabendo-se da possibilidade de que a administração seja exercida por um trabalhador subordinado e considerando que, nos termos da legislação trabalhista, o empregado subordinado não responde pelos riscos empresariais, como conciliar tais princípios? Não vejo qualquer problema, pois a regra imposta pela lei trabalhista refere-se ao vínculo de natureza subordinada entre o empregador (tomador da mão de obra) e o empregado (aquele que se compromete a prestação subordinada e pessoal de serviço, sujeitando-se às regras do contrato de trabalho justamente porque não se responsabiliza pelo ônus da atividade da pessoa — física ou jurídica que o contata). Aqui, no caso de administrador/empregado, a responsabilidade decorre da execução do serviço contratado e prestado, isto é, a responsabilidade decorrente da função que se comprometeu a exercer para a pessoa que o contratou. Caso não empregue a diligência esperada, terá que responder pela ação ou omissão da execução daquilo que executa. São vínculos e responsabilidade de naturezas distintas. Lembre-se, ainda, de que os prejuízos que o empregado causar a seu empregador também devem ser reparados, obrigação essa que decorre do próprio contrato de trabalho. Portanto, apenas aparentemente se poderia pensar num conflito de normas que, numa análise mais cuidadosa, não se sustenta.

Sobre esse tema, interessante se mostra a decisão proferida no Agravo de Petição nº 0128600-32.2009.5.01.0079, julgado pelo Tribunal Regional do Trabalho do Rio de Janeiro de Relatoria do Desembargador Jose Antônio Teixeira da Silva que entendeu que o art. 158, II da Lei nº 6.404/1976 que regula as Sociedades Anônimas, não prevê a responsabilidade neste casos, o que, desde meu ponto de vista, parece equivocado, uma vez que o legislador diz expressamente que haverá responsabilidade do administrador nas hipóteses ali elencadas, não cuidando em nenhuma momento da figura do trabalhador diretor ou administrador. A lei nacional não traz regulamentação distinta quanto a tais questões, de modo que há que se aplicar a regra geral e concluir que, na verdade, não se trata de omissão: se o trabalhador subordinado ocupa a função de administrador deve exercer profissionalmente seu mister e, em casos de extrapolar suas atribuições ou poderes por culpa ou dolo, ou agir contra a lei ou estatuto social, sujeita-se a responsabilidade direta ou decorrente da desconsideração da personalidade jurídica, comprometendo, inclusive, seu patrimônio pessoal. Evidentemente que o juiz deverá analisar no contexto decisório a maior ou menor interferência dos superiores hierárquicos e dos próprios sócios empresariais na manifestação de vontade do trabalhador administrador, uma vez que, nesta condição, está subordinado ao poder de comando do empregador, o que demanda análise de outros aspectos da relação jurídica que for discutida.

No que concerne às sociedades em que o sócio é responsável solidário por força do tipo societário[108], como ocorre nas sociedades

---

[108] "III. A controvérsia ora em apreciação, submetida ao rito dos recursos especiais repetitivos, nos termos dos arts. 1.036 a 1.041 do CPC/2015, restou assim delimitada: "Possibilidade de redirecionamento da execução fiscal contra o sócio que, apesar de exercer a gerência da empresa devedora à época do fato tributário, dela regularmente se afastou, sem dar causa, portanto, à posterior dissolução irregular da sociedade empresária" (Tema 962/STJ). IV. A Primeira Seção do STJ, ao julgar, sob o rito dos recursos repetitivos, o Recurso Especial 1.101.728/SP (Rel. Ministro TEORI ALBINO ZAVASCKI, DJe de 23/03/2009), fixou a tese de que "a simples falta de pagamento do tributo não configura, por si só, nem em tese, circunstância que acarreta a responsabilidade subsidiária do sócio, prevista no art. 135 do CTN. É indispensável, para tanto, que tenha agido com excesso de poderes ou infração à lei, ao contrato social ou ao estatuto da empresa" (Tema 97 do STJ). No mesmo sentido dispõe a Súmula 430/STJ ("O inadimplemento da obrigação tributária pela sociedade não gera, por si só, a responsabilidade solidária do sócio-gerente"). V. É firme a jurisprudência desta Corte no sentido de que, à luz do art. 135, III, do CTN, não se admite o redirecionamento da execução fiscal, quando fundado na dissolução irregular da pessoa jurídica executada, contra o sócio e o terceiro não sócio que, embora exercessem poderes de gerência ao tempo do fato gerador, sem a prática de ato com excesso

comuns e em nome coletivo, o fato de ser chamado em processo de execução em andamento na qualidade de responsável secundário não altera a máxima quanto benefício da *exceptio excussionis*. Isso porque o legislador não excepcionou a regra quanto à espécie de sociedade, o que veda que o intérprete limite o alcance da norma. Ou seja, o fato de a lei empresarial estabelecer diferentes graus de vínculos obrigacionais entre os sócios e a sociedade e entre os próprios sócios não altera em nada o que já se disse quanto a responsabilidade primária, secundária ou benefício de ordem. O fato é, se o negócio firmado foi com a pessoa jurídica e o prejudicado por algum negócio com ela praticado deseja ver responsabilizado o sócio ou administrador, poderá voltar-se contra ele seja no início da fase de conhecimento, demandando, também, contra a pessoa física desde o momento inicial; ou por meio do incidente de desconsideração da personalidade jurídica nos termos do art. 133 e ss do CPC e art. 855-A da CLT.

A obrigação dos sócios na sociedade comum, por exemplo, é solidária, uma vez que sequer houve constituição regular da pessoa jurídica. Poder-se-ia questionar o fato de que ela não possui personalidade jurídica, por isso não teria patrimônio. Todavia, não é esse o tratamento legislativo que lhe foi dispensado, tanto que o próprio legislador se refere *aos bens e dívidas sociais* a fim de considerá-los patrimônio comum (art. 988, CC). A responsabilidade, portanto, é solidária, mas o devedor primário poderá ser apenas a sociedade e não as pessoas físicas que a compõem. Todavia, se eventualmente houver ação contra a sociedade e verificar-se que ela

---

de poderes ou infração à lei, ao contrato social ou aos estatutos, dela regularmente se retiraram e não deram causa à sua posterior dissolução irregular" (Superior Tribunal de Justiça, REsp 1377019 / SP Recurso Especial – 29/11/2021 2013/0013437-2 - Ministra Assusete Magalhães).

não possui patrimônio para responder pelas obrigações, necessário será o chamado do sócio ou administrador, exatamente como ocorre nos casos aqui tratados, caso não tenha sido originariamente demandado.

5.5 Fraude à execução

O CPC de 2015 trouxe uma importante regra no que diz respeito à responsabilidade pela configuração de fraude a execução, situação jurídica esta que detalhou no art. 792 para que não houvesse nenhuma dúvida, especialmente no que concerne ao fator tempo, isto é, o momento em que se fixa a responsabilidade daquele que é chamado a pagar como devedor secundário. Tal regra serviu para acabar com as dúvidas que pudessem existir quanto à questão da eventual disponibilidade patrimonial e de negócios deste último devedor. Assim, considera o legislador que haverá fraude a execução nas hipóteses que expressamente elenca no art. 792, rol este absolutamente exemplificativo (art. 792, V, CPC), pois há uma porta aberta para outras situações previstas na lei. Portanto, haverá presunção de fraude à execução:

> I - quando sobre o bem pender ação fundada em direito real ou com pretensão reipersecutória, desde que a pendência do processo tenha sido averbada no respectivo registro público, se houver;
> II - quando tiver sido averbada, no registro do bem, a pendência do processo de execução, na forma do art. 828;
> III - quando tiver sido averbado, no registro do bem, hipoteca judiciária ou outro ato de constrição judicial originário do processo em que foi arguida a fraude;
> IV - quando, ao tempo da alienação ou da oneração, tramitava contra o devedor ação capaz de reduzi-lo à insolvência.

Nos casos dos incisos I a III, será mais fácil aferir-se o marco inicial da caracterização da fraude. A questão prevista no inciso IV é que tornará mais difícil fixar-se o marco temporal e requererá um aprofundamento maior da investigação do juiz antes de decidir. Isso porque demanda prova suficientemente idônea de que, à época em que tramitava a ação contra o devedor, pudesse a ação reduzi-lo a insolvência. O STJ já havia fixado a jurisprudência de que era imprescindível para configurar a fraude que o devedor houvesse sido validamente citado, isto é, que tivesse ciência inequívoca da demanda contra ele proposta[109]. Corolariamente, pode-se estabelecer os seguintes requisitos para a caracterização da fraude: a litispendência, isto é, tramitação ao tempo da alienação de ação em que sejam partes o devedor pessoa física e o credor; a alienação ou oneração do bem sobre o qual pende a execução ou

[109] PROCESSUAL CIVIL. AGRAVO INTERNO NO RECURSO ESPECIAL. EMBARGOS DE TERCEIRO. DECRETAÇÃO DE FRAUDE À EXECUÇÃO. CONDIÇÕES. ALIENAÇÃO DE BEM CAPAZ DE REDUZIR O DEVEDOR À INSOLVÊNCIA. ÔNUS DA PROVA. IMPUTAÇÃO AO CREDOR. 1. Cuida-se, na origem, de embargos de terceiro, por meio dos quais a parte embargante se insurge contra a decretação de fraude à execução na aquisição de bem imóvel. 2. "Ocorre fraude à execução - de que trata o inciso II do art. 593 - quando presentes, concomitantemente, as seguintes condições: a) processo judicial em curso com aptidão para ensejar futura execução; b) alienação ou oneração de bem capaz de reduzir o devedor à insolvência; c) conhecimento prévio, pelo adquirente do bem, da existência daquela demanda, seja porque houvesse registro desse fato no órgão ou entidade de controle de titularidade do bem, seja por ter o credor/exequente comprovado essa ciência prévia" (EREsp 655.000/SP, 2ª Seção, DJe 23/06/2015). 3. Segundo a jurisprudência desta Corte, é do credor que alega a fraude o ônus de comprovar o preenchimento de todas essas condições. Precedente. (STJ, AgInt no REsp 1760517 / SP AGRAVO INTERNO NO RECURSO ESPECIAL 2018/0208322-3 - Ministra Nancy Andrighi. ALEGAÇÃO DE FRAUDE À EXECUÇÃO, ESTA QUE OCORRE QUANDO, AO TEMPO DA ALIENAÇÃO, CORRIA CONTRA O DEVEDOR DEMANDA CAPAZ DE REDUZI-LO À INSOLVÊNCIA (ART. 593 DO CÓDIGO BUZAID). DE ACORDO COM A MOLDURA FÁTICA INSERTA NO ARESTO RECORRIDO, NÃO OCORREU FRAUDE À EXECUÇÃO, UMA VEZ QUE, SE POR UM LADO A ALIENAÇÃO DO BEM SE CONSUMOU NO CURSO DO PROCESSO, APÓS A CITAÇÃO DO RÉU, POR OUTRO LADO A CONSTRIÇÃO JUDICIAL OCORREU EM DATA POSTERIOR À NEGOCIAÇÃO E NÃO HAVIA QUALQUER DE REGISTRO DE INCIDÊNCIA DE ÔNUS SOBRE O VEÍCULO DO ACIONADO. AGRAVO INTERNO DO ENTE FEDERATIVO DESPROVIDO. (STJ, AgInt no AREsp 275998 / MG AGRAVO INTERNO NO AGRAVO EM RECURSO ESPECIAL 2012/0271590-4 - Ministro Napoleão Nunes Maia Filho.

existência de ação capaz de reduzir o devedor a insolvência; e, por fim, a ciência do terceiro de boa fé de que o patrimônio adquirido estava comprometido e não poderia ser alienado, fator este que protege o terceiro que venha negociar com o devedor[110].

Verificadas as condições, não é necessário a prova do intuito de fraudar, pois a situação jurídica se perfaz com a configuração daqueles requisitos, salvo em situações excecionais em que o caso concreto poderá exigir a análise da intenção da parte, tanto para situações em que se conclui pela fraude, como naquelas em que se pode afastar o ato ilícito[111].

Mas uma situação remanescia e, pode-se dizer, era palco de inúmeras injustiças, qual seja, o caso de atribuição de responsabilidade

---

[110] "1. "A jurisprudência desta Corte Superior se firmou no sentido de que é necessário, para a configuração de fraude à execução, que corra contra o próprio devedor a demanda capaz de reduzi-lo à insolvência, exigindo-se, para tanto, que o ato de disposição do bem seja posterior à citação válida do sócio devedor, quando redirecionada a execução originariamente ajuizada contra a pessoa jurídica" (AgInt no AREsp 1.402.956/SP, Rel. Ministro MARCO AURÉLIO BELLIZZE, TERCEIRA TURMA, julgado em 02/09/2019, DJe de 17/09/2019). 2. Na hipótese dos autos, o Tribunal a quo consignou que a retirada dos sócios ocorreu meses antes do ajuizamento da ação de conhecimento, e sete anos antes do início da fase de execução, portanto antes da citação dos ex-sócios, quando redirecionada a execução originariamente ajuizada contra a pessoa jurídica, o que significa que a data do arquivamento do instrumento de cessão na junta comercial é desinfluente para a caracterização de fraude à execução no caso concreto, devendo ser apurado, outrossim, o intento fraudulento na retirada dos sócios. 3. Ao analisar os elementos informativos dos autos, a Corte local concluiu que a retirada dos sócios não possuiu objetivo de fraudar a execução, mormente diante da ausência de provas de que, à época, tanto os sócios quanto a pessoa jurídica se encontravam em situação de insolvência. A alteração de tal entendimento exigiria o reexame do acervo fático-probatório dos autos, o que é vedado em sede de recurso especial, nos termos da Súmula 7 do STJ" (Superior Tribunal de Justiça, AgInt no REsp 1683338 / PE agravo interno no recurso especial 2017/0161931-0, em 10/5/2021, Relator Ministro Raul Araújo.

[111] "1. Hipótese em que ficou consignado: a) o Tribunal de Justiça do Distrito Federal e dos Territórios, ao julgar a Apelação, manteve a sentença, com fundamento na análise dos elementos fáticos-probatórios dos autos: "Não assiste razão à recorrente. A embargante/apelante deixou de demonstrar a origem licita dos recursos utilizados para a aquisição do patrimônio amealhado pelo casal durante a gestão de seu marido no indigitado Instituto (ICS), bem como não demonstrou que tais bens foram adquiridos em período anterior às práticas consideradas improbas no processo de conhecimento. Há do se observar que, nos moldes do disposto na parte final do artigo 1.664 do Código Civil, os bens da comunhão podem responder pelas

secundária de sócio ou administrador no curso da execução e com completo desconhecimento, seja do sócio ou administrador chamado à lide e, especialmente, do terceiro de boa-fé. Veio bem o legislador a determinar expressamente o marco temporal da responsabilidade no art. 792, CPC, qual seja:

> § 3º Nos casos de desconsideração da personalidade jurídica, a fraude à execução verifica-se a partir da citação da parte cuja personalidade se pretende desconsiderar.

A partir do momento que se volta a ação contra a pessoa física, será necessária a documentação inequívoca de que ela, pessoa física, é parte no processo, seja pela distribuição da ação em seu nome, seja pelo necessário registro do incidente de desconsideração da personalidade jurídica, o que dá publicidade para que aqueles que negociem possam valer-se

---

obrigações contraídas por apenas um dos cônjuges. (...) No caso em análise, nos termos do artigo 792 do Código de Processo Civil, 'A alienação ou oneração do bem é considerada fraude à execução: (...); IV - quando ao tempo da alienação ou da oneração, tramitava contra o devedor ação capaz de reduzi-lo à insolvência; (...)'. (...) Portanto, mesmo que a embargante/apelante não tenha participado da prática dos atos de improbidade, o instituto da meação não pode ser invocado para garantir o enriquecimento ilícito do casal, pois os bens ilícitamente adquiridos beneficiaram a família, e não só o executado. Na espécie, como bem assentado na fundamentação da sentença, após noticiado na mídia o escândalo envolvendo o contrato entre o GDF e o ICS, o executado, já antevendo que poderia ser condenado a ressarcir os prejuízos causados ao erário, adquiriu o imóvel em nome da pessoa jurídica, bem como transferiu para o nome de terceiros os demais bens, com o nítido propósito de ocultar patrimônio adquirido com recursos advindos de atos ilícitos. De outro lado, ainda que as transferências dos bens e a aquisição do imóvel em nome da pessoa jurídica tenham ocorrido antes do trânsito em julgado da sentença, ou antes mesmo de iniciada a ação de improbidade, notório o intuito do executado de ocultar o patrimônio adquirido com recursos obtidos de forma ímproba. Ademais, há aspectos processuais que devem ser observados para o deslinde dessa questão. Ressalte-se que no caso dos imóveis transferidos para o nome de terceiros, a embargante/apelante sequer demonstrou o seu interesse de agir quanto à desconstituição das penhoras, uma vez que em caso de êxito de sua tese, os bens seriam liberados em favor dos supostos adquirentes e não para seu marido, em nada aproveitando, portanto à embargante" Superior Tribunal de Justiça, EDcl no AgInt no REsp 1762663 / df embargos de declaração no agravo interno no recurso especial 2018/0220352-0, em 15/3/2021, Relator Ministro Herman Benjamin.

das certidões e informações a respeito do possível comprometimento do patrimônio daquele com quem se vá firmar um negócio jurídico.

Mas o legislador foi mais longe para garantir o direito ao terceiro adquirente de boa-fé: concedeu-lhe 15 dias para opor embargos de terceiros a fim de defender seu direito, oportunidade esta que terá, inclusive, para provar que o bem transacionado foi adquirido de boa-fé, adotando-se todas as cautelas necessárias para a respetiva aquisição do bem. Com tais regras, a situação jurídica do terceiro adquirente de boa-fé e, também, do sócio ou administrador chamado a responder de modo secundário, tornou-se mais transparente e juridicamente mais segura[112].

[112] 1. De modo a viabilizar o acesso à justiça, caso a arbitragem, por alguma razão ainda não tenha sido instaurada, toda e qualquer medida de urgência pode ser intentada perante o Poder Judiciário, para preservar direito sob situação de risco da parte postulante e, principalmente, assegurar o resultado útil da futura arbitragem. A atuação da jurisdição estatal, em tal circunstância, afigura-se precária, destinada apenas e tão somente à análise da medida de urgência apresentada, sem prorrogação, naturalmente, dessa competência provisória. 1.1 Devidamente instaurada a arbitragem, resta exaurida a jurisdição estatal, devendo os autos serem encaminhados ao Juízo arbitral competente, que, como tal, poderá manter a liminar, caso em que seu fundamento de existência passará a ser o provimento arbitral, e não mais a decisão judicial; modificá-la; ou mesmo revogá-la, a partir de sua convicção fundamentada. 2. O bloqueio dos bens, por meio do arresto, não encerra o propósito de antecipar os efeitos de futura decisão. Ao contrário, objetiva, em caráter provisório, assegurar o resultado útil da ação principal, resguardando a eficácia de futura e eventual execução de julgado ali proferido, a evidenciar seu caráter assecuratório, unicamente. 2.1 A cautelar de arresto, incidente sobre bens de terceiros e que tem o propósito de assegurar o resultado útil da arbitragem, afigura-se indissociável, e mesmo dependente, da pretensão de desconsiderar a personalidade jurídica da empresa devedora. Logo, a tutela de urgência assecuratória, nesses termos posta (com pedidos imbricados entre si), deveria ser submetida ao Juízo arbitral, providência, in casu, não levada a efeito como seria de rigor. 2.2 Os titulares dos bens sobre os quais recaiu o bloqueio não integraram a ação principal que tramitou perante o Juízo arbitral, não lhes sendo ofertada a possibilidade de exercer minimamente seu direito de defesa, compreendendo-se este não apenas como a possibilidade de ter ciência e de se manifestar sobre os atos processuais praticados, mas, principalmente, a de influir na convicção do julgador. Desse modo, se os efeitos subjetivos da sentença arbitral não lhes atingem, já que não fizeram parte da arbitragem, tampouco dela passaram a integrar, inafastável a conclusão de que o propósito acautelatório de garantir o resultado útil da demanda principal afigura-se completamente esvaziado (Superior Tribunal de Justiça, REsp 1698730 / SP, 2016/0146726- Recurso Especial, em 08/5/2018, Relator Ministro Marco Aurélio Bellizze).

DESCONSIDERAÇÃO DA PESSOA JURÍDICA

6.1 Considerações iniciais

Todo ser humano é pessoa e, por sua própria natureza, a ordem jurídica reconhece sua capacidade de aquisição de direitos, obrigações e deveres nas diversas relações jurídicas ou sociais. A pessoa jurídica, ao contrário, decorre de uma ficção legal e, portanto, para que exista, depende da expressão da vontade humana e de regulamentação legal que defina todos os seus contornos. Assim é que a pessoa jurídica, sendo criação da vontade humana, por sua própria natureza e estrutura, a própria lei viabiliza que se possa compor de unidades jurídicas com finalidades diversas, sendo lícito que seja formada a partir de um complexo de bens ou pessoas.

O Estado de Direito originariamente preocupou-se em assegurar aos indivíduos a liberdade para que pudessem atingir seus objetivos.

Ou seja, não havia intervencionismo estatal na vontade, privilegiando-se o individual. As diversas mudanças passadas na sociedade, principalmente surgidas após as Revoluções Industrial e Francesa e acentuadas no período do pós-guerra, deram origem a constituições liberais, que exaltavam direitos fundamentais do homem, ensinando J. J. Gomes Canotilho que isso se manifesta de duas formas: "(1) a primeira acentua o desenvolvimento do sujeito moral e intelectual livre; (2) a segunda parte do desenvolvimento do sujeito económico (sic) livre no meio da concorrência".[113] Com a evolução e complexidade que as relações tomaram forma, o Estado passou a intervir nas relações entre os sujeitos, acentuando-se essa intervenção na forma até de participação no negócio jurídico, como se vê em diversas passagens do Código Civil de 2002.

O homem, sujeito de direitos e fonte de vontades, é capaz de realizá-las através do exercício de atividades próprias e, ainda, de se organizar a ponto de formar uma terceira pessoa, distinta, a quem o direito reconhece individualidade, responsabilidades, provendo-a de subjetividade. Esse mesmo ato de criação confere-lhe o *status* de sujeito de direitos e obrigações na esfera civil.

Nosso direito sabiamente não traz o conceito de pessoa jurídica e pessoas formais. Contudo, a análise do ordenamento jurídico e o direito constitucional conferem às pessoas físicas o direito de se associar, assegurando o Estado a livre concorrência na área empresarial (art. 170 da Constituição Federal) e incentivando a criação de pessoas com finalidade altruísta, como ocorre, por exemplo, com a formação de organizações sociais, que faz resplandecer a força existencial desses

[113] CANOTILHO, J.J. Gomes. *Direito constitucional e teoria da constituição*. Coimbra: Almedina, 1998, p. 104.

entes, não se podendo ignorar o quanto poderão interferir nas relações sociais e individuais.

O Código Civil dispõe que as pessoas jurídicas constituem pela união comum de ideias, forças econômicas e sociais, interesses e finalidades, permitindo o nascimento de um ente que possui uma vida interior – respondendo, inclusive, os sócios pelas perdas e lucros da sociedade formada (art. 1.008, CC) – ; e uma vida exterior, o que lhe permite falar e agir em nome próprio, isto é, do ente autônomo formado, visando ao alcance e à realização dos objetivos. Para tanto, o Estado resolve atribuir-lhe personificação, a fim de que possa negociar validamente e com independência no mundo jurídico.

Ao Estado interessa a formação de entidades que possam negociar no mercado, trazendo riqueza para os países, característica esta da sociedade capitalista, entendida no sentido preconizado por Max Weber, ou seja, uma sociedade que busca o lucro renovado "por meio da empresa permanente, capitalista e racional".[114] Todavia, não somente essas pessoas que exercem atividade empresarial interessam ao Estado. Há pessoas que vão desenvolver o papel social e humanitário que o próprio Estado deveria concretizar e que, por razões várias, acaba permitindo que terceiros o façam, inclusive, há incentivo à criação dessas instituições sociais que vão contribuir para o desenvolvimento social.

Marçal Justen observa que a personificação societária envolve uma sanção positiva prevista pelo ordenamento jurídico. Trata-se de uma forma de incentivo, pela qual o direito busca conduzir e influenciar a conduta dos integrantes da comunidade jurídica. A concentração de riqueza e a conjugação de esforços inter-humanos afigura-se um resultado desejável não em si mesmo, mas como

[114] WEBER, Max. *A ética protestante e o espírito do capitalismo*. São Paulo: Martin Claret, 2001, p. 24.

meio de atingir outros valores e ideais comunitários. O progresso cultural e econômico propiciado pela união e pela soma de esforços humanos interessa não apenas aos particulares, mas ao próprio Estado. Para estimular a realização dessas associações e incentivar os seres humanos à concentração de recursos e esforços, o Estado vale-se da "personificação societária". A atribuição de personalidade jurídica corresponde, assim, a uma sanção positiva ou premial, no sentido de um benefício assegurado pelo direito a quem adotar a conduta desejada.[115]

Dessa forma, como já dissemos, a pessoa jurídica adquire a personificação com a inscrição de seus atos no registro próprio. Todavia, o legislador do Código Civil de 2002, sabendo das transformações que a sociedade passa e da necessidade de regulamentar situações fáticas, a princípio marginalizadas, tratou de regulamentar, inclusive, as sociedades em comum (ou de fato), o que nos permite considerá-las sujeitos de direitos e obrigações, embora não dotadas de personalidade. Dessa forma, forçoso o reconhecimento de que, à semelhança do que ocorre com as massas patrimoniais (despersonalizadas), as sociedades em comum e em conta de participação são, igualmente, despersonalizadas, mas sujeitas de relações jurídicas, não só com capacidade para contrair obrigações e direitos, mas também com responsabilidade de responder perante seus credores.

Há que reconhecer que há uma categoria de pessoas em nosso direito, que, não obstante não possuírem personalidade, detêm capacidade, tanto de direito como de fato, reconhecida, expressamente, pelo sistema legal e a qual não se pode ignorar. Inclusive o Superior Tribunal de Justiça tem visto com critérios a dissolução irregular das

---

[115] JUSTEN FILHO, Marçal. *Desconsideração da personalidade societária no direito brasileiro*. São Paulo: RT, 1987, p. 48.

sociedades impedindo que se redirecione cobranças contra seus sócios ou terceiros não sócio que tenha exercido gerência, o que justamente leva à conclusão de que mesmo que se verifique irregularidades na formação ou na dissolução, ainda assim, se reconhece a autonomia da entidade criada por ficção (legal ou de fato). Assim fixou a Tese nº 962:

> O redirecionamento da execução fiscal, quando fundado na dissolução irregular da pessoa jurídica executada ou na presunção de sua ocorrência, não pode ser autorizado contra o sócio ou o terceiro não sócio que, embora exercesse poderes de gerência ao tempo do fato gerador, sem incorrer em prática de atos com excesso de poderes ou infração à lei, ao contrato social ou aos estatutos, dela regularmente se retirou e não deu causa à sua posterior dissolução irregular, conforme art. 135, III, do CTN.

6.2 Desconsideração da personalidade jurídica

O instituto do *disregard of legal entity*[116] (desconsideração da personalidade jurídica) tem aplicação somente para aqueles entes dotados de personalidade.

Tal instituto tem por fim a permissão de se penetrar no âmago da personalidade atribuída por concessão legislativa a um ente jurídico, permitindo que se encontre seus administradores a fim de responsabilizá-los por atos praticados através do uso da pessoa jurídica.

---

[116] O *disregard* é uma consequência da estrutura da sociedade "(...) Diante do abuso de direito e da fraude no uso da personalidade jurídica, o juiz brasileiro tem o direito de indagar em seu livre convencimento, se há de consagrar a fraude ou abuso de direito, ou se deva desprezar a personalidade jurídica, para, penetrando em seu âmago, alcançar as pessoas e bens que dentro dela se escondem para fins ilícitos ou abusivos". REQUIÃO, Rubens. Abuso de Direito e Fraude Através da Personalidade Jurídica (Disregard Doctrine). *Revista dos Tribunais*, São Paulo, v. 803, 2002, p. 751.

Não se trata de anular ou de reconhecer a ineficácia ou inexistência da pessoa jurídica, que continua existindo. Ao contrário, a pessoa jurídica regularmente constituída nos termos das leis respectivas inerentes a cada tipo social, associativo ou fundacional, existe no mundo jurídico de forma válida e produz todos os efeitos de sua criação. Da mesma forma, tem existência no mundo jurídico e dos fatos, a pessoa jurídica irregular ou sem personalidade jurídica. Todavia, apenas faz sentido sustentar a desconsideração da personalidade jurídica, da pessoa que a detém, de modo que a sociedade em comum, por exemplo, não se submeterá a um procedimento de afastamento da personalidade, simplesmente pelo fato de não a possuir juridicamente. Não obstante, a jurisprudência tem interpretado que, ainda assim, a invasão do patrimônio dos seus sócios deve ser feita de forma criteriosa, pois a regra geral **é** que o ente fictício (com ou sem personalidade jurídica) deverá responder pelos negócios jurídicos que concretiza.

A teoria da desconsideração foi alicerçada no abuso da pessoa jurídica ou na fraude, contra o absolutismo da personalidade jurídica da pessoa moral. O estudo da possibilidade de se desconsiderar a personalidade da pessoa jurídica e atingir aqueles que lhe deram vida por ato previsto e permitido em lei surgiu da análise de casos americanos e ingleses julgados pelas respectivas Cortes de Justiça. Rolf Serick foi o responsável pelo levantamento de estudos comparativos na década de 1950,[117] visando, através disso, criar uma teoria que pudesse impedir a perpetração da fraude ou abuso cometido através da pessoa jurídica.

---

[117] DENARI, Zelmo. *Código Brasileiro de Defesa do Consumidor*: comentado pelos autores do anteprojeto. 5. ed. Rio de Janeiro: Forense, 1997, p. 190-191. Observe-se que Fábio Ulhoa Coelho nos dá conta que em 1910 e 1920 Maurice Wormser tratou do tema, mas sem a centralização que lhe deu Rolf Serick na defesa de seu doutoramento na Universidade de Tübigen, em 1953. COELHO, Fabio Ulhoa. *Curso de direito comercial*. 6. ed. São Paulo: Saraiva, 2003, p. 36.

A matéria foi introduzida na jurisprudência nacional por um estudo publicado por Rubens Requião que inicia seu texto com a seguinte reflexão:

> Há algum tempo, quando nos iniciávamos no estudo sistemático do direito comercial, nos foi proposto o seguinte problema: Se a pessoa jurídica não se confunde com as pessoas físicas que a compõem, pois são personalidades radicalmente distintas; se o patrimônio da sociedade personalizada é autônomo, não se identificando com o dos sócios, tanto que a cota social de cada um dêles não pode ser penhorada em execução por dívidas pessoais, seria então fácil burlar o direito dos credores, transferindo prèviamente para a sociedade comercial todos os seus bens. Desde que a sociedade permanecesse, sob o contrôle dêsse sócio, não haveria inconveniente ou prejuízo para êle que o seu patrimônio fôsse administrado pela sociedade, que assim estaria imune às investidas judiciais de seus credores Tal indagação criou em nosso espírito um problema de consciência: Se por um lado propendíamos para a solução ética, repugnando-nos que o instituto da personalidade jurídica fôsse usado para fins tão condenáveis, por outro lado estávamos condicionados pela lição corrente, de que o direito da personalidade jurídica é absoluto, não se podendo superar a distinção entre ela e seus componentes, nem negar a sua autonomia patrimonial. Todos percebem que a personalidade jurídica pode vir a ser usada como anteparo de fraude, sobretudo para contornar as proibições estatutárias do exercício de comércio ou outras vedações legais. [118]

[118] REQUIÃO, 2002, p. 1.

A partir daí, firmou-se a jurisprudência de que a personalização de sociedades comerciais, efetivamente, poderia dar vazão a manobras maliciosas de pessoas que agiam por detrás da pessoa jurídica, causando prejuízos e danos a terceiros ou à própria sociedade, aproveitando-se da autonomia patrimonial que a personalidade lhe concede. Portanto, a adoção da teoria da desconsideração implica que o juiz poderá deixar de aplicar as regras de separação patrimonial entre sociedade e sócios, ignorando a existência da pessoa jurídica num caso concreto, porque é necessário coibir a fraude perpetrada graças à manipulação de tais regras.

A primeira observação a ser feita é que não se pode confundir *despersonalização da pessoa jurídica* com *desconsideração da personalidade jurídica*. Despersonalizar quer dizer retirar a personalidade que lhe foi atribuída, e o que ocorre nas hipóteses aqui tratadas é, dentro do caso concreto, desconsiderar aquela atribuição inicial de personalidade para, dentro de determinados limites, atingir pessoas e bens que se encobrem atrás daquela personalidade.

Não há que confundir a desconsideração com as hipóteses em que a pessoa jurídica é constituída de forma irregular, situação em que a pessoa jurídica sequer existe, de modo que não adquire personalidade. Prevê, por exemplo, a legislação uma forma específica para a criação de fundações e associações (arts. 62 e 53, CC). A irregularidade na formação dessas pessoas fará com que ela não se constitua para o fim pretendido, não adquirindo personalidade. É fenômeno distinto daqueles em que a pessoa jurídica foi constituída validamente, em respeito às disposições legais e, por razões de sua má utilização, penetra-se em seu interior para atingir seus bens e/ ou seus sócios.

É acertado dizer, como fez Marçal Justen Filho, que a situação de personalização é abuso permitido por lei.[119] É tolerável que se incentive a personalização de certos entes a fim de que a atividade empresarial ou civil seja cumprida, trazendo benefícios vários para o desenvolvimento econômico e social, pois "os malefícios da personificação são assumidos pelo direito como necessários e inafastáveis, perante os benefícios que decorrem de sua consagração. Trata-se de abuso com que a sociedade humana tem de conviver – é o preço que se paga pela promoção do desenvolvimento"[120].

A autonomia patrimonial é, assim, uma das mais importantes consequências da personalização, permitindo que os sócios e administradores sejam considerados, em suas relações com a sociedade e com terceiros, como pessoas estranhas, a ponto de isentá-los de responsabilidade pelos atos sociais.

Portanto, o abuso no manejo das pessoas jurídicas por seus sócios ou administradores traz a possibilidade de se responsabilizar pessoalmente seus dirigentes, penetrando-se, desconsiderando-se, ou, simplesmente, levantando o véu da pessoa jurídica, a fim de atingir-lhes, uma vez que somente se sacrifica um bem jurídico por outro desde que este possa trazer maiores benefícios ou se o ato ou omissão práticos decorreram do abuso de direito, fundamentos esses da própria personalização legal.

Considerando que nosso sistema jurídico admite a personificação, é absolutamente conveniente e justificável que nos preocupemos com suas consequências e aplicações da norma jurídica, verificando-

[119] JUSTEN FILHO, 1987, p. 120-122.

[120] JUSTEN FILHO, 1987, p. 121.

se, nos últimos anos, uma crescente regulamentação nos diversos ordenamentos jurídicos, criando viabilidades e aberturas para que se alarguem cada vez mais os fundamentos que compõem a justificativa para tornar possível a quebra da autonomia patrimonial das pessoas jurídicas para atingir patrimônios das pessoas físicas que as criam e lhe dão voz.

A jurisprudência brasileira tem se lastreado na aplicação dos institutos de forma ponderada, determinando que a medida de redirecionamento de execuções e atingimento de constrições patrimoniais das pessoas físicas se faça de forma excepcional e fundada no abuso da personalidade e na fraude. Há que se verificar o mau uso, o desvio de finalidade da pessoa jurídica, que não atingiria a função social, fundamento pelo qual o direito suporta e permite sua existência.

O Tribunal Superior do Trabalho em poucos casos tem analisado o mérito das questões relacionadas a desconsideração da personalidade jurídica de modo que a construção jurisprudencial trabalhista tem sido construída no âmbito dos regionais, pois não se tem reconhecido a transcendência da matéria para que mereça apreciação pela instância Constitucional[121]. Por outra parte, o Superior Tribunal de Justiça tem

[121] "Transcrevo, à guisa de complementação, o decidido por esta 12ª Turma, em voto de lavra da Mma. Desembargadora MARIA ELIZABETH MOSTARDO NUNES (Autos nº 0002002-29.2014.5.02.0047). "Extrai-se dos autos que o Sr. Jobelino Vitoriano Locateli foi sócio da empresa executada, Secab Brasil Participações Ltda (fls. 45), e que, atualmente, é sócio da agravante (fls. 10). Ou seja, a agravante foi incluída no polo passivo da execução em razão do Sr. Jobelino Vitoriano Locateli figurar como sócio executado. Destarte, é forçoso concluir que, in casu, operou-se o que a doutrina chama de desconsideração inversa da personalidade jurídica, quando a execução parte da pessoa física e ataca a pessoa jurídica que lhe é inerente. Mas, para a ocorrência desta modalidade de desconsideração do manto jurídico da empresa, é preciso que se prove a existência inequívoca de confusão patrimonial, desvio de finalidade, fraude na constituição do ente empresarial etc. o que de fato não ocorreu nestes autos. A perdurar o raciocínio exposto na origem, qualquer empresa que tivesse em seu quadro societário pessoas que tenham sido sócias de empresas anteriores, poderia ser declarada responsável solidariamente por dívidas trabalhistas e responder conjuntamente com estas últimas, já que estaria presente o grupo econômico. Essa hipótese é inadmissível, eis que beira ao absurdo. Se a intenção do Juízo de origem fosse à constrição de bens do referido sócio executado, bastaria ter determinado a penhora de suas cotas societárias (bens pessoais). O que não se admite é o ataque direto ao patrimônio

firmado teses jurídicas e construído uma sólida jurisprudência que servirá de referência a aplicação da matéria em todos os segmentos do direito, especialmente se justificando a natureza empresarial e civil da matéria[122].

---

de terceiro, tal como o da agravante, empresa que não pertence ao grupo econômico, sem que para isso se tenha demonstrado qualquer fraude jurídica ou subterfúgio dos seus sócios. Nos autos, não há prova de que a agravante possui ou já possuiu controle das empresas que figuram no polo passivo do processo principal, não há conexão entre as atividades comerciais, tampouco se evidencia fraude em sua constituição e nem há indicativos de confusão patrimonial entre este e o sócio Jobelino Vitoriano Locateli. Diante disso, não há se falar em responsabilização da agravante pelo crédito exequendo do processo principal". Conforme se verifica dos acórdãos transcritos, a decisão não contraria o precedente firmado em sede de repercussão geral pelo STF (AI 791.292 QO-RG, Rel. Min. Gilmar Mendes, DJe de 12/08/2010), no qual a Excelsa Corte decidiu "*que* o art. 93, IX, da Constituição Federal exige que o acórdão ou decisão sejam fundamentados".
Com efeito, o e. TRT expôs fundamentação suficiente, consignando de forma explícita os motivos pelos quais concluiu pela inexistência de grupo econômico entre a GRANT THORNTON CONSULTING SERVICES LTDA e as demais demandadas.
Registrou expressamente que a referida permanece atuando no mesmo local onde antes existia a AUSTRABOS (SECAB BRASIL) e que, contudo, " *a configuração do grupo econômico pressupõe a prova da fluidez de capital entre as empresas ou o controle comum, o que não se constata apenas com a utilização do mesmo espaço físico e/ou com a parcial identidade de sócios, mormente quando a atividade econômica é totalmente diferente* ". No tocante à alegação de que o TRT foi omisso acerca do que estabelece o art. 818, § 1º, da CLT, no sentido de que é do executado o ônus de comprovar a ausência de interesses integrados, da comunhão de interesses e da atuação conjunta das empresas, eventual omissão do TRT não gera prejuízo ao agravante, tendo em vista que se trata de matéria de direito (Súmula 297, III/TST) invocada nos embargos de declaração, o que impede o acolhimento da nulidade do acórdão regional, por negativa de prestação jurisdicional. A existência de obstáculo processual apto a inviabilizar o exame da matéria de fundo veiculada, como no caso, acaba por evidenciar, em última análise, a própria ausência de transcendência do recurso de revista, em qualquer das suas modalidades, conforme precedentes invocados na decisão agravada" (Tribunal Superior do Trabalho, em 15/12/2021, Processo: Ag-AIRR - 75700-92.2007.5.02.0086 Ministro Relator Breno Medeiros).

[122] Tema Repetitivo nº 96: Questão submetida a julgamento: Questiona-se a responsabilidade dos sócios para responder por débitos da pessoa jurídica devedora em execução fiscal.
Tese Firmada: A entrega de declaração pelo contribuinte reconhecendo débito fiscal constitui o crédito tributário, dispensada qualquer outra providência por parte do fisco.
Tema Repetitivo nº 97: Questão submetida a julgamento: Questiona-se a responsabilidade dos sócios para responder por débitos da pessoa jurídica devedora em execução fiscal. Tese Firmada: A simples falta de pagamento do tributo não configura, por si só, nem em tese, circunstância que acarreta a responsabilidade subsidiária do sócio, prevista no art. 135 do CTN. É indispensável,

para tanto, que tenha agido com excesso de poderes ou infração à lei, ao contrato social ou ao estatuto da empresa.
Tema Repetitivo nº 103: Questão submetida a julgamento: Discute-se a responsabilidade do sócio-gerente, cujo nome consta da CDA, para responder por débitos da pessoa jurídica.
Tese Firmada: Se a execução foi ajuizada apenas contra a pessoa jurídica, mas o nome do sócio consta da CDA, a ele incumbe o ônus da prova de que não ficou caracterizada nenhuma das circunstâncias previstas no art. 135 do CTN, ou seja, não houve a prática de atos 'com excesso de poderes ou infração de lei, contrato social ou estatutos'.
Tema Repetitivo nº 104: Questão submetida a julgamento: Discute-se a responsabilidade do sócio-gerente, cujo nome consta da CDA, para responder por débitos da pessoa jurídica. Tese Firmada: A exceção de pré-executividade é admissível na execução fiscal relativamente às matérias conhecíveis de ofício que não demandem dilação probatória.
Tema Repetitivo nº 108: Estabelecer se é cabível a exceção de pré-executividade para argüição de ilegitimidade passiva, em execução fiscal proposta contra os sócios da pessoa jurídica devedora.
Tese Firmada: Não cabe exceção de pré-executividade em execução fiscal promovida contra sócio que figura como responsável na Certidão de Dívida Ativa - CDA.
Tema Repetitivo nº 334: Questão submetida a julgamento: Questiona se a responsabilização pessoal dos sócios por débitos previdenciários das sociedades por quotas de responsabilidade limitada, com base no art. 13 da Lei 8.620/93, deve ficar subordinada à verificação das condições estabelecidas no art. 135, III, do CTN.
(...) que trata da responsabilidade dos sócios em face do disposto no art. 13 da Lei 8.620/93. Tese Firmada: Na vigência de tal dispositivo (posteriormente revogado de modo expresso pelo art. 79, VII, da Lei 11.941/09), já havia entendimento desta 1ª Seção segundo o qual, mesmo em se tratando de débitos para com a Seguridade Social, a responsabilidade pessoal dos sócios das sociedades por quotas de responsabilidade limitada, prevista no art. 13 da Lei 8.620/93, só existe, quando presentes as condições estabelecidas no art. 135, III do CTN. Há, todavia uma razão superior, mais importante que todas as outras, a justificar a inexistência da responsabilidade do sócio, em casos da espécie: o STF, no julgamento do RE 562.276, ocorrido em 03.11.10, relatora a Ministra Ellen Gracie, declarou a inconstitucionalidade do art. 13 da Lei 8.620/93, tanto por vício formal (violação ao art. 146, III, da Constituição Federal), como por vício material (violação aos arts. 5º, XIII, e 170, parágrafo único, da Constituição Federal). O julgamento do recurso extraordinário se deu sob o regime do art. 543-B do CPC, o que confere especial eficácia vinculativa ao precedente e impõe sua adoção imediata em casos análogos (...).
Tema Repetitivo nº 444: Questão submetida a julgamento: Questiona a prescrição para o redirecionamento da Execução Fiscal, no prazo de cinco anos, contados da citação da pessoa jurídica. Tese Firmada:
(i) o prazo de redirecionamento da Execução Fiscal, fixado em cinco anos, contado da diligência de citação da pessoa jurídica, é aplicável quando o referido ato ilícito, previsto no art. 135, III, do CTN, for precedente a esse ato processual;
(ii) a citação positiva do sujeito passivo devedor original da obrigação tributária, por si só, não provoca o início do prazo prescricional quando o ato de dissolução irregular for a ela subsequente, uma vez que, em tal circunstância, inexistirá, na aludida data (da citação), pretensão contra os sócios-gerentes (conforme decidido no REsp 1.101.728/SP, no rito do art. 543-C do CPC/1973, o mero inadimplemento da exação não configura ilícito atribuível aos sujeitos de direito descritos no art. 135 do CTN). O termo inicial do prazo prescricional para a cobrança do crédito dos sócios-gerentes infratores, nesse contexto, é a data da prática de ato inequívoco indicador do intuito de inviabilizar a satisfação do crédito tributário já em curso de cobrança executiva promovida contra

6.3 Sistema legal brasileiro e direito do trabalho

As decisões proferidas no âmbito da justiça do trabalho tradicionalmente determinam o redirecionamento dos processos de execução para os sócios e administradores das pessoas jurídicas nos casos em que elas não honram com as obrigações decorrentes das sentenças condenatórias. À falta de legislação e com fundamento na

---

a empresa contribuinte, a ser demonstrado pelo Fisco, nos termos do art. 593 do CPC/1973 (art. 792 do novo CPC - fraude à execução), combinado com o art. 185 do CTN (presunção de fraude contra a Fazenda Pública); e, (iii) em qualquer hipótese, a decretação da prescrição para o redirecionamento impõe seja demonstrada a inércia da Fazenda Pública, no lustro que se seguiu à citação da empresa originalmente devedora (REsp 1.222.444/RS) ou ao ato inequívoco mencionado no item anterior (respectivamente, nos casos de dissolução irregular precedente ou superveniente à citação da empresa), cabendo às instâncias ordinárias o exame dos fatos e provas atinentes à demonstração da prática de atos concretos na direção da cobrança do crédito tributário no decurso do prazo prescricional.
Tema Repetitivo nº 614: Questão submetida a julgamento: DÉBITOS TRIBUTÁRIOS DA MATRIZ. DISCUSSÃO A RESPEITO DA POSSIBILIDADE DE BLOQUEIO DE DEPÓSITOS DE TITULARIDADE DAS FILIAIS. Tese Firmada: Inexiste óbices à penhora, em face de dívidas tributárias da matriz, de valores depositados em nome das filiais.
Tema Repetitivo nº 725: Discute se após o pagamento do débito, incumbe ao devedor ou ao credor providenciar o cancelamento do protesto extrajudicial regularmente efetuado, à luz da Lei n. 9.492/1997.
Tese Firmada: No regime próprio da Lei n. 9.492/1997, legitimamente protestado o título de crédito ou outro documento de dívida, salvo inequívoca pactuação em sentido contrário, incumbe ao devedor, após a quitação da dívida, providenciar o cancelamento do protesto.
Tema Repetitivo nº 885: Questão submetida a julgamento: Controvérsia alusiva à possibilidade do prosseguimento de ações de cobrança ou execuções ajuizadas em face de devedores solidários ou coobrigados em geral, depois de deferida a recuperação judicial ou mesmo depois de aprovado o plano de recuperação do devedor principal. Tese Firmada: A recuperação judicial do devedor principal não impede o prosseguimento das execuções nem induz suspensão ou extinção de ações ajuizadas contra terceiros devedores solidários ou coobrigados em geral, por garantia cambial, real ou fidejussória, pois não se lhes aplicam a suspensão prevista nos arts. 6º, caput, e 52, inciso III, ou a novação a que se refere o art. 59, caput, por força do que dispõe o art. 49, § 1º, todos da Lei n. 11.101/2005.
Tema Repetitivo Nº 962: Questão submetida a julgamento: Discute-se a possibilidade de redirecionamento da execução fiscal contra o sócio que, apesar de exercer a gerência da empresa devedora à época do fato tributário, dela regularmente se afastou, sem dar causa, portanto, à posterior dissolução irregular da sociedade empresária.
Tese Firmada: O redirecionamento da execução fiscal, quando fundado na dissolução irregular da pessoa jurídica executada ou na presunção de sua ocorrência, não pode ser autorizado contra o sócio ou o terceiro não sócio que, embora exercesse poderes de gerência ao tempo do fato gerador, sem incorrer em prática de atos com excesso de poderes ou infração à lei, ao contrato social ou aos estatutos, dela regularmente se retirou e não deu causa à sua posterior dissolução irregular, conforme art. 135, III, do CTN.

informalidade do processo do trabalho, mesmo após o advento do Código Civil de 2005, a medida continuou a ser determinada por simples despacho em que o juiz fixava de modo singelo que a execução deveria prosseguir na pessoa dos sócios. O vazio legislativo era a justificativa adequada para que todas as questões fossem resolvidas à luz do art. 9º da CLT, cuja decisão tinha como fundamento a fraude ou, simplesmente, a necessidade de se dar cumprimento à ordem judicial. A partir de 2005, vislumbra-se um movimento e mudança na jurisprudência, que passa a adotar critérios mais concretos para determinar a quebra da autonomia patrimonial, até que o advento do CPC de 2016 determinou a obrigatoriedade do incidente e colocou um ponto final em decisões ativistas que supostamente afrontavam, inclusive, o devido processo legal.

Com as alterações no Código Civil em 2002 e o desenvolvimento da doutrina e jurisprudência trabalhista, o instituto da desconsideração da personalidade jurídica se aperfeiçoou e houve um importante desenvolvimento do tema no âmbito do direito do trabalho. As relações se tornaram mais complexas nas últimas décadas, os movimentos globais se intensificaram, assim como as movimentações e operações societárias, o que permitiu que houvesse um avanço quanto a matéria em todos os âmbitos.

Há juristas[123] que entendem que a possibilidade de desconsideração da personalidade jurídica está permitida pelo art. 2º, § 2º da CLT, na hipótese em que o legislador cuidou da responsabilidade de empresas do mesmo grupo econômico, fundamento esse que teve respaldo no primeiro estudo que foi publicado por Rubens Requião. A tradicional doutrina permitiu que se sedimentasse o entendimento de que a hipótese

[123] MARTINEZ, Luciano. *Curso de Direito do Trabalho*. 10. ed. São Paulo: Saraiva, 2020, p. 275; ALMEIDA, Amador Paes de. *Execução de bens dos sócios*: obrigações mercantis, tributárias e trabalhistas – da desconsideração da personalidade jurídica. 5. ed. São Paulo: Saraiva, 2001, p. 150-151.

de previsão de responsabilidade solidária entre as empresas de um mesmo grupo era uma forma de desconsideração da personalidade da pessoa jurídica; o mesmo entendimento se estendeu sobre as hipóteses de sucessão de empresas tratadas nos arts. 10 e 448 da Consolidação das Leis do Trabalho, o que, a meu ver, não se pode sustentar.

A CLT, na verdade, nunca tratou desse tema, tampouco a reforma de 2017 teve a pretensão de fazê-lo. A única hipótese de se socorrer da CLT para justificar o instituto no campo do direito material, é de entender-se pela fraude, disposta no art. 9º da CLT, isto é, concluir-se que os atos praticados ou as omissões são decorrentes da vontade daqueles que pretendem *impedir ou fraudar a aplicação dos preceitos contidos* na CLT. A combinação desta regra jurídica com o fundamento que formou a teoria da desconsideração da personalidade jurídica, qual seja, a autorização para superar-se a autonomia patrimonial, calcada na coibição da fraude ou abuso de direito cometida pelo(s) sócio(s) ou administrador(es) quando manipula a pessoa jurídica, autoriza a quebra do princípio da autônoma patrimonial.

Assim, que, a partir da década de noventa, é que o direito nacional passou a positivar as hipóteses de desconsideração da personalidade jurídica, cumprindo-nos, neste momento, fazer um breve estudo de todas as situações legais trazidas e que poderiam ser aplicadas, guardadas as peculiaridades de cada situação, às relações do trabalho.

6.3.1 Código de Defesa do Consumidor

A primeira lei a tratar da matéria no direito brasileiro foi o Código Brasileiro de Defesa do Consumidor (Lei nº 8.078/1990), no art. 28, cuja redação é a seguinte (*in verbis*):

> Art. 28. O juiz poderá desconsiderar a personalidade jurídica da sociedade quando, em detrimento do consumidor, houver abuso de direito, excesso de poder, infração da lei, fato ou ato ilícito ou violação dos estatutos ou contrato social. A desconsideração também será efetivada quando houver falência, estado de insolvência, encerramento ou inatividade da pessoa jurídica provocados por má administração.
> § 1º (Vetado).
> § 2º As sociedades integrantes dos grupos societários e as sociedades controladas, são subsidiariamente responsáveis pelas obrigações decorrentes deste código.
> § 3º As sociedades consorciadas são solidariamente responsáveis pelas obrigações decorrentes deste código.
> § 4º As sociedades coligadas só responderão por culpa.
> § 5º Também poderá ser desconsiderada a pessoa jurídica sempre que sua personalidade for, de alguma forma, obstáculo ao ressarcimento de prejuízos causados aos consumidores.

O CDC trouxe uma verdadeira inovação no tocante ***à*** dimensão do tema indo muito além do que autorizava a jurisprudência. Conforme se depreende da redação do art. 28 supracitado, houve um alargamento das situações de cabimento da quebra do princípio patrimonial a ponto de se permitir a declaração da desconsideração da personalidade jurídica em situações que nada tem a ver com o abuso da personalidade ou a fraude (teoria menor)[124]. Todavia, o STJ tem sido criterioso com a interpretação das normas abertas trazidas pelo legislador:

---

[124] PROCESSUAL CIVIL. AGRAVO INTERNO NO AGRAVO EM RECURSO ESPECIAL. SÚMULA 182/STJ. NÃO INCIDÊNCIA. RECONSIDERAÇÃO DA DECISÃO DA PRESIDÊNCIA. INCIDENTE DE DESCONSIDERAÇÃO DA PERSONALIDADE JURÍDICA. TEORIA MENOR. APLICAÇÃO DO CDC. OFENSA À COISA JULGADA. NÃO OCORRÊNCIA. AGRAVO INTERNO PROVIDO. RECURSO ESPECIAL DESPROVIDO. 1. "A qualidade de imutabilidade e indiscutibilidade da coisa julgada

Responsabilidade civil e Direito do consumidor. Recurso especial. Shopping Center de Osasco-SP. Explosão. Consumidores. Danos materiais e morais. Ministério Público. Legitimidade ativa. Pessoa jurídica. Desconsideração. Teoria maior e teoria menor. Limite de responsabilização dos sócios. Código de Defesa do Consumidor. Requisitos. Obstáculo ao ressarcimento de prejuízos causados aos consumidores. Art. 28, § 5º. - Considerada a proteção do consumidor um dos pilares da ordem econômica, e incumbindo ao Ministério Público a defesa da ordem jurídica, do regime democrático e dos interesses sociais e individuais indisponíveis, possui o Órgão Ministerial legitimidade para atuar em defesa de interesses individuais homogêneos de consumidores, decorrentes de origem comum. - A teoria maior da desconsideração, regra geral no sistema jurídico brasileiro, não pode ser aplicada com a mera demonstração de estar a pessoa jurídica insolvente para o cumprimento de suas obrigações. Exige-se, aqui, para além da prova de insolvência, ou a demonstração de desvio de finalidade (teoria subjetiva da desconsideração), ou a demonstração de confusão patrimonial (teoria objetiva da desconsideração). - A teoria menor da desconsideração, acolhida em nosso ordenamento jurídico excepcionalmente no Direito do

---

somente se agrega à parte dispositiva do julgado, não alcançando os motivos e os fundamentos da decisão judicial" (AgInt nos EDcl no REsp 1.593.243/SC, Rel. Ministro RICARDO VILLAS BÔAS CUEVA, TERCEIRA TURMA, julgado em 22/8/2017, DJe de 6/9/2017). 2. No caso, considerando-se que os fundamentos de fato e de direito em que se baseou a sentença não são atingidos pela imutabilidade, o deferimento da desconsideração da personalidade jurídica com base no CDC não enseja violação à coisa julgada (STJ, AgInt no AREsp 1809556 / SP AGRAVO INTERNO NO AGRAVO EM RECURSO ESPECIAL 2021/0003529-2 em 03/11/2021, Relator Ministro Raúl Araújo). "2. Esta Corte tem entendimento de que a teoria menor da desconsideração se justifica pela comprovação da insolvência da pessoa jurídica para o pagamento de suas obrigações, má administração da empresa ou pelo mero fato de a personalidade jurídica representar um obstáculo ao ressarcimento de prejuízos causados aos consumidores, nos termos do art. 28, § 5º, do CDC. Precedentes STJ, AgInt no AREsp 1825577 / RJ agravo interno no agravo em recurso especial 2021/0017913-9, em 23/08/2021, Relator Ministro Moura Ribeiro.

> Consumidor e no Direito Ambiental, incide com a mera prova de insolvência da pessoa jurídica para o pagamento de suas obrigações, independentemente da existência de desvio de finalidade ou de confusão patrimonial. - Para a teoria menor, o risco empresarial normal às atividades econômicas não pode ser suportado pelo terceiro que contratou com a pessoa jurídica, mas pelos sócios e/ou administradores desta, ainda que estes demonstrem conduta administrativa proba, isto é, mesmo que não exista qualquer prova capaz de identificar conduta culposa ou dolosa por parte dos sócios e/ou administradores da pessoa jurídica. - A aplicação da teoria menor da desconsideração às relações de consumo está calcada na exegese autônoma do § 5º do art. 28, do CDC, porquanto a incidência desse dispositivo não se subordina à demonstração dos requisitos previstos no caput do artigo indicado, mas apenas à prova de causar, a mera existência da pessoa jurídica, obstáculo ao ressarcimento de prejuízos causados aos consumidores[125].

O que o legislador estipulou foi viabilizar que o escudo de proteção da pessoa jurídica pudesse ser desconsiderado desde que, à análise do caso concreto, o juiz conclua que a personificação societária possa estar dificultando ou viabilizando que consumação de fraudes ou abusos praticados pelas pessoas físicas que lhe deram vida, adotando o legislador no art. 28 supracitado duas teorias fundamentais:

> a) Teoria maior ou subjetiva – a desconsideração, para ser deferida, exige a presença de dois requisitos: o abuso da personalidade jurídica + o prejuízo ao credor. Essa teoria foi adotada pelo art. 50 do CC/2002, sendo certo que a Lei da Liberdade Econômica passou a trazer critérios

[125] STJ REsp 279273 / SP, RECURSO ESPECIAL 2000/0097184-7, em 03/12/2003, Ministra Relatora Nancy Andrighi.

objetivos para a configuração do primeiro elemento, caracterizado pelo desvio de finalidade ou pela confusão patrimonial. Assim, o desvio de finalidade passou a ser considerado como a utilização da pessoa jurídica com o propósito de lesar credores e para a prática de atos ilícitos de qualquer natureza, sejam dolosos, culposos ou em abuso de direito. Por sua vez, em rol meramente ilustrativo ou numerus apertus, a lei prevê atualmente que se entende por confusão patrimonial a ausência de separação de fato entre os patrimônios, caracterizada por: a) cumprimento repetitivo pela sociedade de obrigações do sócio ou do administrador ou vice-versa; b) transferência de ativos ou de passivos sem efetivas contraprestações, exceto os de valor proporcionalmente insignificante; e c) outros atos de descumprimento da autonomia patrimonial. Em boa hora, o novo caput do art. 50 do CC/2002 prescreve que a desconsideração somente pode atingir o sócio ou administrador que agiu com o abuso da personalidade jurídica, o que já estava previsto no Enunciado 7, da I Jornada de Direito Civil. b)Teoria menor ou objetiva – a desconsiderac ão da personalidade jurídica exige um único elemento, qual seja o prejuízo ao credor. Essa teoria foi adotada pela Lei 9.605/1998, para os danos ambientais, e supostamente pelo art. 28 do Código de Defesa do Consumidor, não sendo atingida pelas alterac ões da Lei da Liberdade Econo mica acima pontuadas". [126]

O dispositivo permite expressamente a desconsideração inversa, isto é, a possibilidade de que a sociedade responda pelos prejuízos que seus sócios ou administradores venham a causar, situação essa que

[126] TARTUCE, Flávio; NEVES, Daniel Amorim Assumpção. *Manual de Direito do Consumidor*: Direito material e processual. 10. ed. São Paulo: Método, 2021, p. 427.

acabou por estender-se a outros sistemas como o relativo à questão ambiental como a defesa da livre concorrência, o que se extrai da chamada confusão patrimonial ou simplesmente pelo ardil praticado pela pessoa física utilizando-se da suposta proteção conferida pela personificação.

6.3.2 Lei da Livre Concorrência

Em seguida, houve a regulamentação da Lei nº 8.884/1994, chamada Lei Antitruste, cuja redação é a que segue (*in verbis*):

> Art. 18. A personalidade jurídica do responsável por infração da ordem econômica poderá ser desconsiderada quando houver da parte deste abuso de direito, excesso de poder, infração da lei, fato ou ato ilícito ou violação dos estatutos ou contrato social. A desconsideração também será efetivada quando houver falência, estado de insolvência, encerramento ou inatividade da pessoa jurídica provocados por má administração.

Essa lei foi quase inteiramente revogada em 2011 pela Lei nº 12.529, que (re)estruturou o sistema brasileiro de defesa da livre concorrência visando a prevenção e repressão às infrações de ordem econômica. Essa lei manteve a redação da lei anterior, permitindo a desconsideração da personalidade jurídica em situações que, como se vê, vão além do abuso da personalidade ou fraude, alcançando situações jurídicas que não guardam nenhuma relação com os fundamentos originários do instituto. Diz o art. 34:

> A personalidade jurídica do responsável por infração da ordem econômica poderá ser desconsiderada quando houver da parte deste

> abuso de direito, excesso de poder, infração da lei, fato ou ato ilícito ou violação dos estatutos ou contrato social.
>
> *Parágrafo único.* A desconsideração também será efetivada quando houver falência, estado de insolvência, encerramento ou inatividade da pessoa jurídica provocados por má administração.

Importa dizer que a lei aplica-se a todo tipo de pessoa, com ou sem personalidade jurídica, que tenha sido constituída de fato ou de direito e mesmo que exerça atividade sob regime de monopólio legal (art. 31). Os procedimentos administrativos que forem resolvidos no âmbito do Conselho Administrativo de Defesa Econômica (CADE) terão natureza de título executivo extrajudicial e, caso a decisão não seja cumprida espontaneamente, caberá a execução no juízo competente (art. 93 e seguintes, Título VIII), tendo o juiz amplos poderes para o cumprimento forçado da decisão.

Por fim, deve ser pontuado que o alcance do art. 34 não é tão elástico como se vê no art. 28 do CDC. Todavia, o intérprete deverá ponderar a aplicação da viabilidade da incidência do dispositivo, pois, como se depreende dos termos da lei e da Constituição, é certo que os agentes econômicos possuem liberdade para praticar atos que entenderem adequados para realizar seus negócios, o que implica, além disso, a liberdade de escolha do consumidor e o respeito aos limites que são impostos pela ordem Constitucional insculpido no art. 170:

> Art. 170. A ordem econômica, fundada na valorização do trabalho humano e na livre iniciativa, tem por fim assegurar a todos existência digna, conforme os ditames da justiça social, observados os seguintes princípios:

I - soberania nacional;

II - propriedade privada;

III - função social da propriedade;

IV - livre concorrência;

V - defesa do consumidor;

VI - defesa do meio ambiente, inclusive mediante tratamento diferenciado conforme o impacto ambiental dos produtos e serviços e de seus processos de elaboração e prestação; (Redação dada pela Emenda Constitucional nº 42, de 19.12.2003)

VII - redução das desigualdades regionais e sociais;

VIII - busca do pleno emprego;

IX - tratamento favorecido para as empresas de pequeno porte constituídas sob as leis brasileiras e que tenham sua sede e administração no País. (Redação dada pela Emenda Constitucional nº 6, de 1995)

Sendo assim, o intérprete deverá pautar-se nestes critérios para concluir pela melhor adequação da superação do princípio da autonomia patrimonial quando houver que decidir sobre a responsabilidade secundária, em caso de desconsideração da personalidade jurídica; ou direta dos sócios ou administradores da pessoa jurídica. Significa, nada mais, que a necessária repressão ao abuso do poder econômico.

6.3.3 Lei Ambiental

Em 1998, promulgada a legislação sobre responsabilidade por danos ao meio ambiente, Lei nº 9.605, de 12 de fevereiro, o legislador, mais uma vez, regulamentou a possibilidade de se desconsiderar a pessoa jurídica, prevendo que:

> Art. 4º Poderá ser desconsiderada a pessoa jurídica sempre que sua personalidade for obstáculo ao ressarcimento de prejuízos causados à qualidade do meio ambiente.

Como se vê na redação dessa norma com conteúdo aberto e à semelhança do CDC trouxe a teoria menor, não exigindo a prova de qualquer circunstância fraudulenta ou abusiva para que possa incidir a atribuição de responsabilidade secundária dos sócios os administradores. Tal decorre do princípio da função social da propriedade e da crescente luta pela sustentabilidade ambiental. Assim como o CDC e a Lei nº 12.529/2011, o legislador considerou a função social da empresa, o que estava tatuado no Código Civil de 2002 que:

> assegura ao empresário o caráter de agente social, devendo exercer suas atividades econômicas balizadas pelos princípios sociais e individuais, tendo plena consciência de sua função, situando, na empresa, uma natureza importante de agente social, dotado de conceituado poderio econômico. As sociedades empresárias são responsáveis por vários fatores importantes para a sobrevivência da sociedade, pois elas geram empregos e recolhem tributos, além de movimentar a economia por meio da compra e venda de bens, também pela prestação de serviços. Porém, não bastam tais às empresas para ter cumprida sua função social, mas também observar alguns preceitos constitucionais, tais como a dignidade da pessoa humana (art. 1.º, III), respeitar os princípios do valor social do trabalho (art. 1.º, IV) e da solidariedade (art. 3.º, I); promover a justiça social (art. 170, caput, a soberania nacional (art. 170, I) e a função social da propriedade (art. 170, II); respeitar a libre iniciativa (arts. 170,

caput, e 1.º, IV); garantir a defesa do consumidor (art. 170, V) e a defesa do meio ambiente (art. 170, VI); lutar pela redução das desigualdades sociais (art. 170, VII) e pela busca do pelo pleno emprego (art. 170, VIII), entre outros.[127]

Como se vê, a lei ambiental seguiu os mesmos parâmetros estabelecidos no Código de Defesa do Consumidor, de modo que basta a possibilidade de dano e se torna possível a superação da personificação do ente fictício.

6.3.4 Código Civil

Uma das diversas alterações ao Projeto original do Código Civil deve-se à redação do art. 50, que trouxe de modo expresso a possibilidade de se desconsiderar a personalidade da pessoa jurídica. Estudiosos na matéria criticavam a redação originária, dizendo que de desconsideração não se tratava e que, na verdade, acabava por impedir a aplicação do instituto que já vinha sendo realizado de forma mais ou menos pacífica pelos tribunais e doutrinadores.[128]

O Código Civil de 2002 criou um sistema em que todos os tipos sociais, naquilo que for compatível, ficam sujeitos às disposições aplicáveis às sociedades simples. Até mesmo as sociedades por ações e sociedades por quotas de responsabilidade limitada, quando optarem estas últimas pelo regime jurídico das companhias, sujeitam-se, nas omissões legais, às regras estabelecidas para as sociedades simples, já que tais normas são comuns e estão contidas dentro do mesmo

---

[127] BRASILINO, Fábio Ricardo Rodrigues. Função Social e Preservação da Empresa: a teoria da desconsideração da personalidade positiva como instrumento efetivador. *Revista de Direito Privado*. São Paulo: RT, v. 63, 2015, p. 230.

[128] A respeito das críticas ao Projeto, ver JUSTEN, 1987, p. 151-153; e REQUIÃO, Rubens. *Aspectos modernos do direito comercial*. 2. ed. São Paulo: Saraiva, 1988, p. 218-220.

sistema jurídico. Por isso, na nova sistemática, as regras são pelo reconhecimento da nulidade da cláusula que estabeleça qualquer estipulação de ausência de responsabilidade de qualquer sócio por perdas e lucros (art. 1.008 do Código Civil); e a de que o administrador, seja pessoa estranha ao quadro societário, ou sócio, responderá perante a sociedade e a terceiro todas as vezes em que agir com culpa no desempenho de suas funções (art. 1.016).

Não se olvide que a Lei das Sociedades por Ações estabelece regra similar e atribui à Diretoria, à Assembleia, ao Conselho de Administração e ao Conselho Fiscal certas atribuições com responsabilidade pessoal daquele que não agir de acordo com a função da instituição (arts. 145 a 160 da Lei nº 6.404/1976).

Assim, a primeira conclusão que se pode ter é que há dois sistemas distintos de atribuição de responsabilidade aos sócios e administradores: um, relativo à responsabilidade pessoal da pessoa física com a pessoa jurídica, em determinadas situações previstas expressamente pela lei, e que dispensaria a aplicação do instituto da desconsideração da pessoa, uma vez que a norma legal permite a atribuição de responsabilidade direta e solidária, como exemplo, a responsabilidade solidária do administrador nas hipóteses em que causar prejuízo em razão de ter agido com culpa no desempenho de suas funções (art. 1016, CC). Observe-se que, nesta hipótese, o legislador traz a previsão da *culpa* (responsabilidade subjetiva), o que condiciona a atribuição da responsabilidade direta à prova da existência de culpa, que deverá ser realizada pela vítima do evento.

A segunda situação é a da desconsideração da pessoa jurídica, prevista nos dispositivos acima elencados e no art. 50 do Código Civil de 2002. Aqui, em regra, quem pratica o ato é a pessoa jurídica, mas não por sua vontade própria, ou porque sua finalidade estaria sendo cumprida; ao contrário, a prática do ato se dá porque os sócios ou administradores, manipulando a pessoa jurídica, a utilizam como instrumento de fraude ou abuso de direito, justamente para causar prejuízo ao terceiro que com ela negocia acreditando na boa-fé com que o negócio jurídico é estabelecido. Faz-se necessária a investigação de atos objetivos para que se possa atingir os sócios e/ou administradores que maliciosamente manipulam e utilizam a pessoa jurídica de modo que ela deixa de cumprir com os fins sociais a que deveria destinar-se, violando o princípio da boa-fé e da função social do contrato. Tais fundamentos permitem que sua autonomia patrimonial seja ignorada para que se possa penetrar no patrimônio das pessoas físicas responsáveis para reparação do dano, inclusive aquele que a própria pessoa jurídica vier a sofrer.

É importante lembrar, repito, que não se trata de *despersonificar* a pessoa jurídica, hipótese em que ela é dissolvida, mas sim *despersonalizada*, o que implica a ampliação dos legitimados para responderem pelos danos que porventura a existência da pessoa jurídica vier a causar.

Outro ponto importante é que nem tudo que se decide como desconsideração da pessoa jurídica, causando inúmeros incidentes desnecessários na prática jurídica e forense, precisaria ser resolvido ante a aplicação do instituto da desconsideração da personalidade jurídica, posto que o próprio legislador trouxe um leque de situações em que o administrador e/ou sócio possam responder, diretamente, com seu patrimônio pessoal, sem se perscrutar se houve ou não o uso indevido da personalidade jurídica do ente moral.

É certo, ainda, que muitas das hipóteses em que o legislador estabeleceu como situação fática autorizadora da desconsideração da pessoa jurídica acabam por coincidir com aquelas em que os sócios ou administradores respondem solidariamente pelas obrigações da pessoa jurídica, como, por exemplo, quando a ação é praticada com excesso de poder. O que importa é saber em que momento o autor do dano terá a certeza e a prova de que a situação fática se caracterizou, isto é, o que vai definir a aplicação de um ou outro instituto é justamente o fundamento. Assim, por exemplo, se não houve a verificação de má utilização da pessoa jurídica, mas de excesso de poder na ação do administrador, o autor do dano poderá propor a ação contra a pessoa física e jurídica, requerendo a declaração da responsabilidade solidária, sem que isso importe cognição de motivos quanto à desconsideração da personalidade jurídica. Contudo, se existir prova de que houve excesso de poder praticado em virtude da má utilização da pessoa jurídica, a situação será de desconsideração da pessoa jurídica, situação esta que poderá ser objeto de um incidente ou de ação direta conta os responsáveis pelo ato fraudulento.

Importa, por fim, ressaltar que o art. 50 sofreu alteração com a Lei nº 13.874 de 2019 que regulou a liberdade econômica. O legislador tentou deixar mais objetiva a aplicação do instituto, não alterando o princípio da maior ao prever que:

> Art. 50. Em caso de abuso da personalidade jurídica, caracterizado pelo desvio de finalidade ou pela confusão patrimonial, pode o juiz, a requerimento da parte, ou do Ministério Público quando lhe couber intervir no processo, desconsiderá-la para que os efeitos de certas e determinadas relações de obrigações sejam estendidos aos

> bens particulares de administradores ou de sócios da pessoa jurídica beneficiados direta ou indiretamente pelo abuso.
> § 1º Para os fins do disposto neste artigo, desvio de finalidade é a utilização da pessoa jurídica com o propósito de lesar credores e para a prática de atos ilícitos de qualquer natureza.
> § 2º Entende-se por confusão patrimonial a ausência de separação de fato entre os patrimônios, caracterizada por:
> I - cumprimento repetitivo pela sociedade de obrigações do sócio ou do administrador ou vice-versa;
> II - transferência de ativos ou de passivos sem efetivas contraprestações, exceto os de valor proporcionalmente insignificante; e
> III - outros atos de descumprimento da autonomia patrimonial.
> § 3º O disposto no caput e nos §§ 1º e 2º deste artigo também se aplica à extensão das obrigações de sócios ou de administradores à pessoa jurídica.
> § 4º A mera existência de grupo econômico sem a presença dos requisitos de que trata o caput deste artigo não autoriza a desconsideração da personalidade da pessoa jurídica.
> § 5º Não constitui desvio de finalidade a mera expansão ou a alteração da finalidade original da atividade econômica específica da pessoa jurídica.

Como se vê, houve uma restrição aos conceitos abertos que existiam na redação original do dispositivo, justamente com a finalidade de tornar os conceitos de cada situação jurídica mais delimitados, impedindo, assim, qualquer grau de subjetivismo na aplicação da norma legal, posição esta, aliás, que já constitui a posição firmada pelo STJ:

AGRAVO INTERNO NO AGRAVO EM RECURSO ESPECIAL. DESCONSIDERAÇÃO DA PERSONALIDADE JURÍDICA. ART. 50 DO CÓDIGO CIVIL. REQUISITOS AUSÊNCIA. REEXAME. FUNDAMENTOS. SÚMULA Nº 7/STJ. 1. Recurso especial interposto contra acórdão publicado na vigência do Código de Processo Civil de 2015 (Enunciados Administrativos nº 2 e 3/STJ). 2. O entendimento do Superior Tribunal de Justiça é no sentido de que a desconsideração da personalidade jurídica a partir da Teoria Maior (art. 50 do Código Civil) exige a comprovação de abuso, caracterizado pelo desvio de finalidade ou pela confusão patrimonial, pelo que a mera inexistência de bens penhoráveis ou eventual encerramento irregular das atividades da empresa não justifica o deferimento de tal medida excepcional. Precedentes. 3. Na hipótese, rever as conclusões das instâncias ordinárias quanto ao preenchimento dos requisitos para a desconsideração da personalidade jurídica da empresa demandaria a análise dos fatos e das provas da causa, o que atrai a incidência da Súmula nº 7/STJ[129].

6.3.5 Desporto

A lei de desporto, publicada em 1998, foi outro dos diplomas legislativos que cuidou de prever a possibilidade da aplicação do art. 50, CC, para os casos em que os sócios deveriam ser responsabilizados pela má utilização da pessoa jurídica. A regra foi inserida pela Lei nº 10.672/2003, que tratou de inserir no art. 27, trazendo a responsabilidade das pessoas físicas em caso de desconsideração à personalidade jurídica:

---

[129] STJ, AgInt no AREsp 1852233 / SP agravo interno no agravo em recurso especial 2021/0066647-9, em 13/12/2021, Relator Ministro Ricardo Villas Bôas Cueva.

> Art. 27. As entidades de prática desportiva participantes de competições profissionais e as entidades de administração de desporto ou ligas em que se organizarem, independentemente da forma jurídica adotada, sujeitam os bens particulares de seus dirigentes ao disposto no art. 50 da Lei nº 10.406, de 10 de janeiro de 2002, além das sanções e responsabilidades previstas no caput do art. 1.017 da Lei no 10.406, de 10 de janeiro de 2002, na hipótese de aplicarem créditos ou bens sociais da entidade desportiva em proveito próprio ou de terceiros. (Redação dada pela Lei nº 10.672, de 2003)

Portanto, a nova disposição legal conserva as hipóteses dispostas no art. 50, CC, numa clara demonstração que o legislador adotou a teoria maior no que toca a quebra da autonomia patrimonial destas entidades, numa demonstração evidente de que não pretende que se faça qualquer interpretação por normas mais elásticas como as relativas aos do CDC, por exemplo. Quanto ao tema, o TST assim decidiu:

> acerca da possibilidade de assunção da responsabilidade dos dirigentes das associações esportivas nos termos do artigo 1.017/CC e do artigo 27 da Lei n.º 9.615/1998, que dispõem: 'Art. 1.017. O administrador que, sem consentimento escrito dos sócios, aplicar créditos ou bens sociais em proveito próprio ou de terceiros, terá de restituí-los à sociedade, ou pagar o equivalente, com todos os lucros resultantes, e, se houver prejuízo, por ele também responderá. Parágrafo único. Fica sujeito às sanções o administrador que, tendo em qualquer operação interesse contrário ao da sociedade, tome parte na correspondente deliberação. 'Art. 27. As entidades de prática desportiva participantes de competições profissionais e as entidades de administração de desporto ou ligas em

que se organizarem, independentemente da forma jurídica adotada, sujeitam os bens particulares de seus dirigentes ao disposto no art. 50 da Lei n.º 10.406, de 10 de janeiro de 2002, além das sanções e responsabilidades previstas no caput do art. 1.017 da Lei n.º 10.406, de 10 de janeiro de 2002, na hipótese de aplicarem créditos ou bens sociais da entidade desportiva em proveito próprio ou de terceiros. (Redação dada pela Lei n.º 10.672, de 2003).' Não se pode olvidar que a ausência de pagamento de salários e outros recolhimentos trabalhistas em favor do atleta profissional importa caracterização de mau gerenciamento das finanças pelos dirigentes dos clubes. Em relação ao bloqueio na conta bancária propriamente dito, é de se verificar que o impetrante, apesar da alegação, não comprovou se tratar de conta salário ou que os depósitos nela existentes fossem impenhoráveis na forma da lei. Por nenhum ângulo se afigura hipótese de malferimento de direito líquido e certo, porquanto o ato praticado pela autoridade dita coatora decorre de previsão legal, não se verificando, no caso concreto, qualquer elemento que lhe subtraia a legalidade. Não há falar em afronta às garantias constitucionais invocadas pela parte impetrante, decorrendo o referido ato, previsto em lei, de procedimentos processuais regularmente praticados. Não se olvide que o Supremo Tribunal Federal já firmou entendimento de que a impetração de mandado de segurança contra ato judicial somente é admitida em hipóteses excepcionais, tais como decisões de natureza teratológica, de manifesta ilegalidade ou abuso de poder, situação não evidenciada no caso em apreço. Mantenho o posicionamento inicialmente apresentado, admito o mandado de segurança e, no mérito, denego a ordem pleiteada." (Grifos nossos.) O impetrante, em suas razões recursais, afirma que o ato coator, ao determinar a desconsideração da personalidade jurídica, não observou o disposto no art. 27 da Lei n.º 9.615/1998, que prevê que os bens particulares dos dirigentes das entidades esportivas somente respondem na hipótese de ser comprovada a aplicação de créditos ou bens sociais da entidade em proveito próprio ou de terceiros, sendo, portanto, ilegal[130].

E também:

Primeiramente, destaco que, nos termos do art. 27 da Lei nº 9.615/98, as entidades de prática desportiva participantes de competições profissionais sujeitam os bens particulares de seus dirigentes ao disposto no art. 50 da Lei nº 10.406/2002, além das sanções e responsabilidades previstas no caput do art. 1.017 do mencionado Código Civil, na hipótese de aplicarem créditos ou bens sociais da entidade desportiva em proveito próprio ou de terceiros. Outrossim, a entidade sem fins lucrativos não afasta a responsabilidade dos sócios, uma vez que o §1º do art. 2º da CLT equipara ao empregador 'as instituições de beneficência, as associações recreativas ou outras instituições sem fins lucrativos'. No presente feito, conforme certidão do oficial de justiça de Id 2635825, o juízo concluiu que os agravantes possuem procuração bancária para movimentar contas de forma irrestrita, apesar de não mais constar como sócios no contrato social da empresa devedora, o que faz presumir se tratarem de 'SÓCIOS DE FATO', viabilizando sua inclusão no polo passivo da demanda judicial, devendo responder pela presente execução (Id 4f6731e).A agravante MARCIA TEREZINHA PAVAN atuou no Conselho Deliberativo do UNIAO SAO JOAO ESPORTE CLUBE (executado principal) cf. ata de 2009. Em 2010, a agravante, ainda,

---

[130] TST, Processo: RO - 135-18.2017.5.10.0000, em 25/08/2020, Relator Ministro_Luiz Jose Dezena da Silva.

compôs a diretoria do Clube atuando como tesoureira (Id 2aa6172). O agravante RODRIGO JOSE PAVAN atuava como Diretor e Conselheiro, era membro da diretoria, exercia o cargo de Diretor do Departamento e Futebol Profissional. Conforme Ata de Assembleia Geral Extraordinária, este agravante permaneceu no quadro de associados até 13.11.2010 (ID's 2d95dec e 2aa6172). Deste modo, os agravantes atuaram, formalmente, como dirigentes da associação. É certo que o contrato de trabalho do reclamante vigeu de 02/01/2012 a 14/5/2013 (CTPS Id 607905). Ocorre que não se trata de meros sócios retirantes, pois os agravantes mantiveram procuração para movimentação de contas do Clube, o que caracteriza a permanecia deles como sócio/a de fato. Como visto, o juízo constatou, através da consulta ao Bacenjud-CCS, que os agravantes possuem procuração bancária para movimentar contas de forma irrestrita, o que não foi sequer especificamente impugnado. Caberia aos agravantes provar, ao menos, que apesar da procuração, não movimentam a conta, por exemplo através de extratos bancários, o que não ocorreu. O alegado 2 anos da retirada do quadro societário não se aplica ao caso, pois ocorreu a manutenção como sócio de fato. A má gestão dos administradores e diretores, o que inclui os agravantes, fica evidente, pois o Clube executado não possui condições sequer de responder por suas dívidas trabalhistas. Conforme aferido pela origem, foram efetivadas buscas de bens pertencentes a devedora principal através das ferramentas eletrônicas disponíveis (id d523561) sem resultado positivo, observando-se que os bens encontrados possuíam restrições/penhoras anteriores, não tendo sido encontrado qualquer bem livre e desonerado. No mais, o empregador assume os riscos da atividade econômica (art. 2º, caput, da CLT), sendo, no presente caso, viável a execução em face de quem se beneficiou dos serviços do reclamante[131].

Como se veem em ambos os casos, o Tribunal do Trabalho vem aplicando a legislação respectiva exatamente dentro dos limites que ela dispõe, a fim de responsabilizar administradores de clube em face da associação ou clube, de fato ou de direito. A investigação realizada pelo juiz considera a realidade fática, justamente para permitir a conciliação entre os diversos ordenamentos jurídicos. A justificativa de tal possibilidade se dá justamente em razão da situação jurídica que eles ocupam e da responsabilidade que assumem quando assumem a responsabilidade de administrar as práticas desportivas e os atletas do clube que representam. É certo que a finalidade dos clubes não é de natureza empresarial, mas não menos verdade é o fato de poderem produzir riqueza de tamanho considerável, o que poderá viabilizar a ganância de quem administra e a eventual ruína da associação.

6.4 Fundamentos legais do instituto e entrosamento de sistemas jurídicos

É de Fábio Ulhoa Coelho a formulação teórica sobre as teorias *maio*r e *menor* desenhadas pelo CDC quando tratou da desconsideração da personalidade juridica. A primeira é baseada no fato pelo qual "o juiz é autorizado a ignorar a autonomia patrimonial das pessoas jurídicas, como forma de coibir fraude e abuso praticados através

[131] TST, Ag-AIRR - 11185-98.2013.5.15.0046, em 22/04/2020, Relator Ministro Augusto Cesar Leite de Carvalho.

dela; e a menor, em que o simples prejuízo do credor já possibilita afastar a autonomia patrimonial".[132]

Como já disse, a CLT não trouxe qualquer regra sobre a matéria. O art. 2º, par. 2º da CLT prevê o caso de responsabilidade solidária entre empresas do mesmo grupo econômico, o que não se confunde com o instituto da desconsideração da personalidade jurídica. A regra deste dispositivo nada mais faz que obedecer à regra geral das obrigações que dispõe que a solidariedade decorre da lei ou do contrato, uma vez que as consequências da assunção de uma obrigação são sempre da parte a quem o fato ou ato jurídico é atribuído. Tampouco há que confundir o tema quando se trata da aplicação do art. 10-A, CLT introduzido pela reforma legislativa de 2017. Como já afirmado, este dispositivo nada mais faz que:

> fixar o marco para a propositura da ação contra os administradores e sócios e traz segurança jurídica aos negócios empresariais que eram absolutamente ignorados por muitas decisões judiciais. Não se confunde responsabilidade direta com desconsideração da personalidade jurídica e tampouco essa regra visa regulamentar esses institutos. O que quis o legislador foi traçar um marco inicial e final para a responsabilidade dos sócios e estabelecer a regra de preferência na cobrança dos créditos133.

A dúvida que permanece seria de qual dos ordenamentos jurídicos o intérprete poderia se valer para determinar a quebra da autonomia patrimonial em casos que se verifique o abuso da personalidade jurídica ou a utilização indevida da pessoa jurídica. Observe-se que

---

[132] COELHO, 2003, p. 35.

[133] NAHAS, Thereza, *O novo direito do trabalho:* institutos fundamentais. São Paulo: Editora Revista dos Tribunais, 2017, p. 134.

a reforma do CPC de 2015 acabou por prever instrumento jurídico em sede processual, que diz respeito ao incidente da DPJ, justamente para permitir o devido processo legal nos casos em que o credor ou autor da ação formula pretensão de quebra do princípio da autonomia patrimonial. A reforma trabalhista de 2017, visando a acabar com a controvérsia sobre o tema, dispôs expressamente do incidente, remetendo as omissões às regras dispostas no CPC (art. 855-A, CLT).

Sabendo-se que não há regulamentação do instituto em sede de direito material trabalhista, abrem-se três possibilidade ao interessado: (i) permanecer com a aplicação do art. 9º da CLT em que os atos praticados em fraude são rechaçados e aplicáveis todas as suas consequências quanto às nulidades e anulação dos atos; 2) aplicação do art. 50 do CPC e, portanto, adoção da teoria maior, uma vez que o art. 8º da CLT remete a aplicação deste ordenamento em casos que houver omissão na lei; (iii) art. 28 do CDC, por coordenação dos princípios idênticos que informam as relações de consumo e trabalhista.

A posição que tem prevalecido é a terceira. O CDC e a CLT têm por base de princípio a proteção ao direito da parte mais frágil da relação jurídica, considerando a desigualdade estrutural inerente a estas relações contratuais. O fato de o legislador, na reforma trabalhista de 2017, ter trazido no art. 444, CLT a figura do trabalhador hiperssuficiente não altera a natureza física do desnivelamento da estrutural contratual que não comporta o princípio da autonomia individual, base do direito comum. Além disso, o próprio sistema de cláusulas abertas e conceitos legais indeterminados na parte geral do CC prevê a aplicação flexível de algumas consequências na solução de casos específicos como, por exemplo, a atenção que deve ter o intérprete na interpretação das declarações de vontade, mais a intenção que nelas estiverem expressadas do que o sentido literal de linguagem (art. 112) e a possibilidade de readequação nos casos de onerosidade contratual excessiva (art. 478 a 480, CC).

A previsão elástica que se vê no CDC leva em conta a função social e o necessário equilíbrio que deve haver na ordem econômica imposta pelo legislador Constitucional, bem como fundamento social que reveste todo o ordenamento. Os direitos sociais merecem uma proteção efetiva e contundente, cumprindo ao Estado, diante da ausência de hierarquia entre direitos sociais e econômicos, conferir um *plus* de proteção àqueles primeiros em razão, repito, da indiscutível desigualdade na relação negocial, inclusive para fazer cumprir a realização da norma insculpida no art. 26 da Carta Interamericana de Direitos Humanos que assegura o status de direitos fundamentais aos direitos sociais.

Portanto, por qualquer ângulo que se analise a questão, o que se conclui **é** que a lei material a ser aplicável para decisão dos casos em que se entenda pela possibilidade de quebrar-se a autonomia patrimonial das pessoas jurídicas é, sem dúvida, o CDC.

Faço aqui um parêntesis para as questões ambientais, uma vez que a CLT possui uma vasta normativa sobre a proteção do meio ambiente do trabalho e saúde do trabalhador. É certo que o trabalhador tem direito a prestar o serviço em ambiente sadio e que garanta sua qualidade de vida e dignidade. Portanto, a infração às normas relativas ao meio ambiente do trabalho faz com que o empregador (pessoa física ou jurídica) possa ser responsabilizado à indenização pelo dano causado nos exatos termos das leis concernentes a matéria ambiental, de modo que se poderia concluir que pelo enquadramento quanto à desafetação da personalidade jurídica na legislação ambiental. A final, sabendo-se que tanto a Lei ambiental como a do consumidor adotam a teoria menor, parece-nos que o resultado seria idêntico, não obstante o fundamento distinto, isto é, a aplicação de uma ou outra lei, não importará em equívoco ou erro, seja pelos fundamentos que ambas guardam, seja pela possibilidade do meio atingir finalidade buscada, isto é, a responsabilidade pessoal de sócios ou administradores da pessoa jurídica que não respeitar sua finalidade (desconsideração direta) ou da pessoa jurídica utilizada na confusão patrimonial aparente com as pessoas físicas que a compõe (desconsideração inversa).

Em qualquer situação, é importante observar que o juiz tenha faculdade de manifestar-se sobre o tema ou de aplicar a legislação que entender cabível ao caso concreto. Em todos os casos, o legislador fez uso da expressão *poderá* o que quer dizer estar obrigado. Não tem o juiz poder discricionário, o qual é inerente à Administração Pública e não aos órgãos judiciais. Não é aconselhável que se atribua ao Poder Judiciário o termo *discricionariedade* quando se "está referindo à interpretação de conceitos vagos e indeterminados (...) o papel da função do aplicador do direito é efetivamente relevante, uma vez que o 'espaço em branco' da norma só pode ser preenchido pela sua subjetividade, que há de ser, entretanto, e sempre, 'objetivamente justificada'".[134]

6.5 Hipóteses fáticas de superação da personalidade jurídica

Independentemente do sistema legal que se adote, é certo que a disposição do Código Civil não neutraliza os outros subsistemas criados, entendimento pacificado no Enunciado 51 do CJF/STJ, da *I*

---

[134] WAMBIER, Teresa Arruda Alvim. Novos contornos do recurso de agravo, *In:* TEIXEIRA, Sálvio de Figueiredo (coord.). *A reforma do Código de Processo Civil*. São Paulo: Saraiva, 1996, p. 606-607.

Jornada de Direito Civil, no sentido de que "a teoria da desconsideração da personalidade jurídica – disregard doctrine – fica positivada no novo Código Civil, mantidos os parâmetros existentes nos microssistemas legais e na construção jurídica sobre o tema".

Intenciono aqui analisar dois dos sistemas para tratar das hipóteses fáticas por eles trazidas, o Código de Defesa do Consumidor e o Código Civil.

São hipóteses fáticas previstas no *caput* do art. 28, CDC: abuso de direito, excesso de poder, infração da lei, fato ou ato ilícito ou violação dos estatutos ou contrato social.

A base da teoria em que se apoia a norma jurídica tem como pressuposto uma situação excepcional e a fraude ou abuso de direito, de modo que as hipóteses fáticas legais relativas à desconsideração da pessoa jurídica não estão, necessariamente, vinculadas a pessoa moral em si ou ato por ela praticado diretamente, mas sim às ações ou omissões de seus administradores que se escondem no escudo protetivo da pessoa fictícia para prática de atos culposos ou dolosos que acabam por trazer prejuízos a terceiros. As situações de excesso de poder, infração da lei, fato ou ato ilícito ou violação dos estatutos ou contrato social são consideradas ato atribuído à pessoa do administrador e não necessariamente ato da sociedade. O administrador vai além do que a lei, contrato ou estatuto lhe permite fazer, extrapolando os limites de ação que lhe foram outorgados. De forma que a responsabilização destas pessoas físicas pode ser resolvida de forma direta e não, necessariamente, pela situação de desconsideração propriamente dita. Tanto é assim, por exemplo, na Lei das Sociedades por Ações e Sociedade Limitada, sendo ratificada pela regulamentação civil.

As hipóteses de ato ilícito estarão caracterizadas em qualquer situação que vá contra a lei imperativa. Dessa forma, se, por exemplo, um gerente ofende moralmente o empregado, atribuindo-lhe a pecha de ladrão, o ato cometido contrário à lei faz com que ele seja responsável pela reparação diretamente, já que o agente do dano foi ele, gerente, e não a pessoa jurídica. Aliás, a reforma trabalhista de 2017 trouxe alguma inovação no sistema daquilo que venho chamando de responsabilidade trabalhista, mas não avançou na regulamentação quanto à teoria geral da responsabilidade, de forma que insistiu em deixar um vazio que acaba por causar interpretações diversas, ou seja, ainda que no exemplo dado o agente causador do dano seja uma pessoa física, isto é, o gerente, há um atropelo na regra legal, pois as ações de indenização são sempre propostas em face das pessoas jurídicas sem preocupar-se a vítima do dano, muitas vezes, em apontar a clássica diferença para imputação da responsabilidade ao agente causador do dano e o responsável pelas ações do agente[135].

O que se pode concluir é que o legislador trouxe uma regulamentação específica para o instituto, mas não quis excluir as situações de responsabilidade direta, fazendo questão de incluí-las, também, na hipótese fática do tipo obrigacional.

Abusar de um direito é cometer o ato de forma legal, mas excessiva a ponto de ultrapassar os limites traçados pelo legislador ou pelo contrato. Há um desvio de função da norma legal, causado pelo uso irregular ou anormal do direito. A afetação do ente moral é permitida para que ele possa cumprir uma finalidade social, voltada à melhoria da condição do próprio homem. Todavia, os administradores, manipulando indevidamente a pessoa jurídica,

---

[135] Sobre o tema, ver: NAHAS, 2017, capítulo 8, sobre Dano Extrapatrimonial.

desvirtuam a finalidade originária, causando prejuízos a terceiros que com ela negociam acreditando no cumprimento da finalidade buscada pela norma.

A última hipótese refere-se à utilização da pessoa jurídica a fim de criar obstáculo ao ressarcimento dos prejuízos causados. Portanto, será possível a superação da personalidade jurídica sempre que o empregado lesado for impedido de se ver ressarcido porque a pessoa jurídica constitui o óbice à satisfação do seu crédito. Assim, quando se verificar uma situação em que o empregado vier a sofrer um dano e se ver em dificuldades de ser ressarcido, é admitido que, independentemente da presença de abuso de direito, excesso de poder, infração da lei, fato ou ato ilícito ou violação dos estatutos ou contrato social, desconsidera-se a personalidade jurídica para que os bens dos sócios ou administradores possam ser atingidos, viabilidade esta que decorre de sua condição de responsável secundário.

É inegável que há um certo subjetivismo na aplicação da regra jurídica, ou seja, necessário se faz perguntar a respeito da vontade do agente em causar dano de utilizar a pessoa jurídica para causar prejuízo a um terceiro, manipulando-a de forma ardilosa e fraudulenta, isto é, não obstante o legislador permita análise marginal dos casos, não dispensa que se considere situações jurídicas e fáticas mínimas que estejam configuradas na relação discutida para que se autorize a extensão da responsabilidade. O que ocorre é um afrouxamento, permita-me a expressão, nas exigências mais enérgicas que se apresentam no Código Civil para permitir a quebra do princípio da autonomia patrimonial. Conte-se, ainda, que no sistema do CDC impera a inversão do ônus da prova, o que permite uma presunção quase absoluta de que, em situações em que o consumidor se vê prejudicado e enfrenta o óbice da existência da personalidade para ser ressarcido, a solução é a aplicação dos princípios inerentes a ciência para permitir que se viabilize a recomposição de sua esfera patrimonial e moral. Tudo decorre da estrutura tutelar do sistema do CDC e da CLT que se funda na desigualdade das partes negociais e na necessária harmonia destes direitos com a ordem econômica.

O Código Civil, na reforma efetivada pela lei de liberdade econômica, tornou os conceitos mais objetivos. Assim, o legislador estabelece as seguintes regras: (i) é admissível a desconsideração **à** personalidade jurídica nos casos de abuso da personalidade jurídica que poderá ocorrer em situações que se verifique desvio de finalidade ou confusão patrimonial; (iii) desvio de finalidade se verifica quando a utilização da pessoa jurídica com o propósito de lesar credores e para a prática de atos ilícitos de qualquer natureza; (iv) as hipóteses de fraude, não obstante não estejam expressas no dispositivo, admitem a quebra do princípio, por constituir o fundamento motor do instituto e sua essência; (v) o benefício do sócio ou administrador poderá ser direto ou indireto, isto é, não é necessário que o ato ou omissão praticado implique num aumento patrimonial seu, por exemplo.

6.5.1 Desconsideração inversa

A confusão patrimonial, prevista nos dois ordenamentos tratados, permite a desconsideração da personalidade jurídica quando houve confusão patrimonial. O CDC não havia conceituado, mas simplesmente abriu caminho para efetivar-se aquilo que a doutrina e jurisprudencial chamam de desconsideração inversa. Como ensina Tartuce, é possível, no caso de confusão patrimonial, responsabilizar a empresa por dívidas dos sócios (*desconsideração inversa* ou *invertida*). O exemplo típico é a situação em que o sócio, tendo conhecimento de divórcio, compra bens com capital próprio em nome da empresa (confusão patrimonial). Pela desconsideração, tais bens poderão ser alcançados pela ação de divórcio, fazendo com que o instituto seja aplicado no Direito de Família. A possibilidade da desconsideração invertida[136] foi admitida no CPC de 2015 e a lei da liberdade econômica expressamente procurou definir o que se entende por confusão patrimonial, o que torna a aplicação da norma jurídica aos casos concretos menos polêmica e mais objetiva, servindo de norte ao julgador. Assim, haverá confusão patrimonial nas hipóteses em que : (i) quando a sociedade cumpra repetitivamente as obrigações pessoais dos sócios ou administradores ou vice-versa; (ii) desde que os valores não sejam insignificantes, se houve transferências de ativos e passivos da pessoa física para a jurídica e vice-versa, é situação

---

[136] "AGRAVO INTERNO NOS EMBARGOS DE DECLARAÇÃO NO AGRAVO EM RECURSO ESPECIAL. EXECUÇÃO. FRAUDE. DESCONSIDERAÇÃO INVERSA DA PERSONALIDADE JURÍDICA. REEXAME DE CONTEÚDO FÁTICO-PROBATÓRIO. SÚMULA N. 7/STJ. QUESTÃO DE ORDEM PÚBLICA. JUROS DE MORA. AUSÊNCIA DE RECURSO. PRECLUSÃO. DECISÃO MANTIDA. 1. Caso em que tanto a empresa atingida pela desconsideração inversa, constituída para blindar o patrimônio do coexecutado, como o imóvel utilizado para integralizar o capital social de tal empresa, segundo se extrai do acórdão proferido no julgamento do agravo de instrumento, pertencem ao referido codevedor, executado, o que caracteriza efetiva confusão patrimonial e desvio de finalidade. 2. O Tribunal de origem analisou as provas contidas no processo para concluir pela existência de fraude, ressaltando inexistir comprovação de que a compra do imóvel se deu, também, com recursos das filhas do coexecutado, menores e que não trabalham. Alterar esse entendimento demandaria reexame do conjunto probatório do feito, vedado em recurso especial, a teor da Súmula n. 7 do STJ. 3. Nos termos da jurisprudência do STJ, também a questão de ordem pública (juros de mora), quando objeto de decisão judicial, deve ser impugnada mediante recurso próprio, sob pena de preclusão" (STJ, AgInt nos EDcl no AREsp 1528074 / SP AGRAVO INTERNO NOS EMBARGOS DE DECLARAÇÃO NO AGRAVO EM RECURSO ESPECIAL 2019/0179133-0, em 21/09/2021 Relator Ministro ANTONIO CARLOS FERREIRA

"6. Na hipótese de indícios de abuso da autonomia patrimonial, a personalidade jurídica da EIRELI pode ser desconsiderada, de modo a atingir os bens particulares do empresário individual para a satisfação de dívidas contraídas pela pessoa jurídica. Também se admite a desconsideração da personalidade jurídica de maneira inversa, quando se constatar a utilização abusiva, pelo empresário individual, da blindagem patrimonial conferida à EIRELI, como forma de ocultar seus bens pessoais. 7. Em uma ou em outra situação, todavia, é imprescindível a instauração do incidente de desconsideração da personalidade jurídica de que tratam os arts. 133 e seguintes do CPC/2015, de modo a permitir a inclusão do novo sujeito no processo - o empresario individual ou a EIRELI -, atingido em seu patrimônio em decorrência da medida". STJ, REsp 1874256 / SP Recurso EspeciaL, 2020/0027587-2, em 17/08/2021, Relatora Ministra Nancy Andrighi.

que poderá implicar a caracterização da confusão patrimonial; (iii) por fim, o legislador deixou uma hipótese aberta para que se possa inserir toda a situação em que o ato possa ser caracterizado como descumprimento da autonomia patrimonial.

6.5.2 Da hipótese da falência, insolvência, liquidação extrajudicial e encerramento irregular da empresa

As situações de falência, estado de insolvência, encerramento ou inatividade da pessoa jurídica provocadas por má administração merecem tratamento em separado. Trazida no art. 28 do CDC, o legislador permite que, quando ocorra qualquer destas hipóteses, admita-se a decretação da desconsideração da personalidade jurídica. Assim que estabelece nexo de causalidade entre a situação de crise da pessoa jurídica e a má administração para que se possa decidir pela desconsideração. Tal hipótese, inédita no sistema jurídico, possibilita que a pessoa jurídica possa ser desconsiderada pelo simples fato da má gestão provocadora da quebra ou da recuperação, e não por aquilo que originariamente teria fundado o instituto, ou seja, a utilização da pessoa jurídica de forma abusiva ou fraudatória.

Sabe-se que a garantia dos credores é o patrimônio do devedor. Se o patrimônio da pessoa jurídica for insuficiente ao pagamento de suas dívidas e isso importar na sua quebra ou recuperação judicial, uma vez instaurado o concurso universal, este deve ser respeitado. É que seguir com cobranças e execuções individuais torna-se injusto, uma vez que outros credores que possuam créditos da mesma grandeza de importância ficarão sem qualquer garantia de se verem ressarcidos. Necessário se torna conceder a credores que se encontrem numa mesma situação jurídica perante o devedor as mesmas oportunidades de cobrar aquilo que lhes é devido. Daí a solução legal ser a execução única, de modo que todos possam concorrer em igualdade de condições com os demais.

Fábio Ulhoa ensina que esse "tratamento paritário dos credores pode ser visto como uma forma de o direito tutelar o crédito, possibilitando que melhor desempenhe sua função na economia e na sociedade".[137] Dessa forma, se o devedor está em situação em que seu patrimônio é negativo, ou seja, seus bens são insuficientes ao integral cumprimento de suas obrigações, a execução não poderá ser feita de forma individual, pois seria extremamente injusto, devendo processar-se em forma de concurso, através da reunião de todo o passivo e ativo do devedor com envolvimento de todos os seus credores.

No caso de ser o devedor empresário, o processo a que se submete é o da *falência* ou *recuperação judicial ou extrajudicial*; se o devedor não for empresário, deverá subordinar-se ao procedimento da *execução civil concursal*, regulada nos arts. 748 e seguintes do CPC/1973. Como se sabe, em 2015, foi promulgado o novo Código de Processo Civil que acabou por substituir o de 1973, revogando-o quase que inteiramente. Assim ressalto porque, no que concerne às execuções contra devedor insolvente, o art. 1052 do CPC/2015 estipulou que as regras do CPC/1973 deverão continuar aplicáveis tanto aos processos iniciados antes da vigência da lei nova, como os que se iniciarem depois dela. O certo é que o CPC/2015 não regula o procedimento e, por isso, as regras que existiam no CPC/1973 continuam em vigor especificamente para esta matéria.

Outra observação importante é que há situações de determinadas empresas ou instituições em que, não obstante desempenhem atividade tipicamente empresarial, são excluídas pela lei do processo falimentar,

---

[137] COELHO, 2003, p. 227.

ou seja, não podem quebrar. São, por assim dizer, pessoas que não estão sujeitas ao processo falimentar.

A Lei nº 11.101 de 09/02/2005, que instituiu o novo processo falimentar e de recuperação de empresas, relacionou empresas que não se sujeitarão ao seu império, sendo regulamentadas por regime próprio que lhes é destinado. São elas (art. 2º):

> I– empresa pública e sociedade de economia mista;
>
> II – instituição financeira pública ou privada, cooperativa de crédito, consórcio, entidade de previdência complementar, sociedade operadora de plano de assistência à saúde, sociedade seguradora, sociedade de capitalização e outras entidades legalmente equiparadas às anteriores.

Empresas públicas e sociedades de economia mista estão submetidas ao regime de intervenção e liquidação extrajudicial, uma vez que estão regulamentadas pelo processo administrativo em razão do envolvimento de patrimônio e capital público, sujeitando-se às regras do art. 37 da Constituição Federal e fiscalização do Tribunal de Contas.

Quanto às entidades de previdência complementar, sociedade operadora de plano de assistência à saúde e sociedade seguradora e as entidades legalmente a ela equiparadas, ficarão submetidas ao regime imposto pela Lei nº 9.656/1998.

Tais pessoas serão submetidas à liquidação extrajudicial, como é o caso das prestadoras de serviços ligados à área da saúde, em que a liquidação será decretada pela Agência Nacional de Saúde Suplementar – ANS (Lei nº 9.656/1998).

No que concerne a essas agências, o art. 24-A da Lei nº 9.656/1998 determina que os bens dos administradores ficarão indisponíveis, e eles responderão solidariamente pelas obrigações assumidas na respectiva gestão pelos prejuízos causados, independentemente de nexo de causalidade, havendo preferência ao pagamento do crédito trabalhista em todas as vezes que se verificar o regime de direção fiscal ou liquidação extrajudicial (arts. 24-A, § 6º, 24-C e 26). Portanto, perceba que nestas situações o legislador dispôs sobre situações de responsabilidade direta objetiva do dirigente, situação esta não considerada nas demais hipóteses de responsabilidade direta e tampouco nas situações de desconsideração da personalidade da pessoa jurídica.

Uma palavra com relação ao artigo de lei supramencionado. A Lei nº 9.656/1998 teve sua redação alterada pela Medida Provisória nº 2.177-44 de 24/08/2001. Não houve a conversão desta medida em lei, todavia, ela acabou-se por incorporar ao sistema legal em virtude da Emenda Constitucional nº 32 de 11 de setembro de 2001 que previu a continuidade em vigor das medidas provisórias não convertidas em lei ou revogadas expressamente ou até deliberação do Congresso Nacional (art. 2º). Desta forma, inexistindo qualquer ato posterior em contrário, forçoso entender-se que a Medida Provisória acabou por ingressar de forma definitiva, no âmbito daquela lei, corroborando-se a responsabilidade dos administradores de planos privados de assistência à saúde, conforme dito anteriormente.

Essas pessoas jurídicas serão submetidas a um regime próprio de intervenção judicial, de modo que não poderão ser submetidas ao processo da quebra ou recuperação judicial, mas, em certas situações específicas e dentro do procedimento que a lei respectiva lhes reserva, ficarão sujeitas as diretrizes expostas pelo interventor.

O fato daquelas pessoas serem excluídas do regime de falência e recuperação previstos na Lei nº 11.101/2005 não implica excluí-las da eventual decisão de desconsideração da pessoa jurídica. Havendo motivos determinantes, os administradores e sócios responderão diretamente por seus atos, conforme se especifica em cada lei já estudada a respeito da responsabilidade que detêm em razão da direção da pessoa jurídica; ou, de forma solidária, em havendo desconsideração da pessoa jurídica. Aplicam-se aqui as normas subsidiárias, o CC e o CDC, que regulam o tema de forma expressa.

A competência para a decisão da desconsideração será do juízo da recuperação judicial que, eventualmente, for instado a conhecer e julgar qualquer questão relativa ao processo interventivo, ainda que isso se dê tão-somente para a apuração da responsabilidade dos sócios e/ou administradores. Isso não impede que o Juízo trabalhista profira decisão incidente na eventual ação trabalhista proposta.

A decretação da falência ou deferimento da recuperação judicial implica a instauração de um concurso universal e indisponibilidade do patrimônio das empresas. As grandes divergências vêm por conta das decisões que podem conflitar proferidas pelos juízos de competências distintos, isto é, o falimentar e de recuperação e o trabalhista. Há que observar que o juízo competente para apuração do crédito trabalhista será sempre o juízo do trabalho prevendo o legislador que, mesmo com a decretação de quebra, a apuração dos valores se fará na justiça especializada onde corre a ação trabalhista, sem prejuízo de que, enquanto tramite a ação, o credor faça pedido de reserva de crédito para garantia do valor reclamado.

A Lei nº 14.112/2020 cuidou de algumas alterações na lei da falência. Tratarei de algumas questões que são importantes, entre elas: (i) as obrigações do devedor sujeito a lei estarão suspensas, bem como as execuções ajuizadas contra o devedor inclusive daquelas dos credores particulares do sócio solidário, relativas a créditos ou obrigações sujeitos à recuperação judicial ou à falência. Neste caso, o que se conclui é que, se houve quebra do princípio da autonomia patrimonial, se for decretada a responsabilidade solidária do sócio ou administrador e tal decisão for proferida por juízo diverso, as ações em curso ficarão suspensas (art. 6º, I e II); (ii) proibição de qualquer forma de retenção, arresto, penhora, sequestro, busca e apreensão e constrição judicial ou extrajudicial sobre os bens do devedor, oriunda de demandas judiciais ou extrajudiciais cujos créditos ou obrigações sujeitem-se à recuperação judicial ou à falência (art. 6º, III). Tal determinação, interpretada no contexto das demais disposições do artigo e da própria lei, levam à conclusão de que o legislador pretendeu dar a maior amplitude possível para ações que possam garantir que todos os créditos sejam levados ao juízo universal, única forma justa de que todos os credores possam receber seus haveres em pé de igualdade.

O juízo da recuperação é o que tem competência para determinar a desconsideração da personalidade jurídica uma vez instaurado o juízo universal. Também é dele a competência para suspender os atos de constrição sobre bens de capitais essenciais para a manutenção da recuperação judicial, o que implica dizer que o juízo laboral também deverá submeter-se a esta decisão em ocorrendo a hipótese fática (art. 6º, par. 7º-A). Fica sempre resguardada a possibilidade de habilitar o crédito trabalhista, excluí-lo ou modificá-lo, competindo à justiça do trabalho a apuração do crédito bem como a decisão de todos seus incidentes (art. 6º, par. 2º).

A recuperação judicial importará na suspensão das respectivas obrigações pelo prazo de 180 dias, podendo haver excepcionalmente prorrogação pelo mesmo prazo uma única vez. Vencidos, os prazos voltam a correr, não se aplicando mais as regras especiais e excepcionais.

A lei admite a decretação da desconsideração da personalidade jurídica, mas vedou que a decisão de falência ou seus efeitos *se estendam sobre aos sócios de responsabilidade limitada, aos controladores e aos administradores da sociedade falida (art. 82-A)*. Restringe ainda a extensão de responsabilidade e análise dos seus efeitos às regras do art. 50 do CC, isto é, afasta, no caso de falência e recuperação judicial, a regra do art. 28, CDC. É certo que a análise da questão está regulamentada no âmbito da falência e da recuperação, de sorte que o juiz trabalhista, por exemplo, poderá decidir pela extensão da responsabilidade calcado e outro ordenamento, como, por exemplo, o CDC, sendo lícito que traga o responsável secundário para responder pela dívida não honrada pela pessoa jurídica. A limitação aplica-se, não somente a responsabilidade da pessoa física (sócio e/ou administrador), mas também aos casos de grupo econômico[138].

Observe que a eventual decretação de desconsideração da personalidade jurídica pelo juiz do trabalho, estendendo as obrigações aos sócios ou administradores quando houver instauração de falência ou insolvência, somente poderá ocorrer por exceção, sob pena de violar-se a letra e o espírito da lei especial. No caso de mero não pagamento do crédito trabalhista, a questão somente poderá ser resolvida no juízo da recuperação judicial ou da falência, pois há que se considerar que a empresa sob tais condições não efetua o pagamento

---

[138] " AGRAVO INTERNO EM RECURSO ESPECIAL. FALÊNCIA. CRÉDITO. HABILITAÇÃO. GRUPO ECONÔMICO. SOLIDARIEDADE. INEXISTÊNCIA. NÃO PROVIMENTO.
1. A existência de grupo econômico não autoriza, por si só, a solidariedade obrigacional ou a desconsideração da personalidade jurídica". STJ AgInt no REsp 1738588 / DF agravo interno no recurso especial 2018/0102011-7, em 22/11/2021, Relatora Ministra Maria Isabel Gallotti.

não por não querer, mas por estar subordinada à administração e às ordens do administrador e do juízo competente, situação que não se assemelha, em nenhuma hipótese, à vontade de não honrar com as suas obrigações. Decisão contrária da pessoa jurídica pode, inclusive, importar em ilegalidade ou ilicitude, podendo configurar, inclusive, crime. Considerando tais premissas, a única hipótese que, quiçá, se poderá imaginar como dentro daquela exceção seria a relacionada à fraude comprovada, de modo que uma decisão em contrário parece conflitar com aquelas tomadas pelo juízo falimentar ou da recuperação, impossibilitando a declaração, enquanto pender os procedimentos respectivos, de desconsideração da personalidade jurídica pelo juízo do trabalho.

Por fim, o pagamento aos credores se fará em respeito a uma ordem lógica que o legislador criou em razão da prioridade de cada valor. Sabendo-se que o passivo é maior que o ativo é que o legislador estabeleceu valores máximos justamente para permitir que cada qual possa receber, ao menos, uma determinada parcela do seu crédito. Assim que os créditos derivados da legislação trabalhista e decorrentes de acidente do trabalho estarão limitados a 150 salários-mínimos por credor (art. 83, I). Encerrada a falência, as ações que estavam suspensas nos juízos trabalhistas poderão retomar seu curso, voltando a correr os prazos prescricionais, inclusive os relativos à prescrição intercorrente (art. 11-A).

A pergunta que resta é: se o juiz da falência houver decidido incidente de desconsideração, poderá o juiz do trabalho reapreciar a questão? E se nada houver sido decidido pelo juízo universal acerca da questão da responsabilidade pessoal dos sócios? Será possível que o juiz do trabalho decida a questão, observando que os fatos e fundamentos que considerar na apreciação devem ser distintos daqueles que eventualmente foram considerados no juízo universal. É certo que a decisão do juízo universal não transita em julgado para o juiz do trabalho, sem embargo, deverá haver o mínimo de segurança jurídica nas decisões judiciais, devendo os juízes respeitarem as decisões um dos outros, até porque a divisão da competência se faz para viabilidade dos trabalhos da jurisdição, pois é ela que retrata a unidade do Poder Judiciário. Observe, ainda, que a lei da falência acolhe, expressamente, a regra do art. 50 do CC e poderá o juiz do trabalho adotar a linha de aplicação do CDC, que comporta princípio distinto e alargado.

Resta-nos, assim, concluir que é possível a desconsideração da personalidade jurídica da pessoa moral em todas as hipóteses em que haja uma situação de insolvência, civil ou empresarial, causada por má administração, sendo necessária a verificação dessa insolvência pela decretação da falência, concurso universal de execução civil ou liquidação extrajudicial, ou mesmo encerramento ou inatividade da pessoa jurídica. A lei disse mais que precisava dizer, ao contrário, apenas ressalvou que, mesmo nas situações em que haja a decretação de estado de insolvência a fim de estabelecer o juízo universal ou a intervenção estatal, será possível, ainda assim, desconsiderar-se a personalidade jurídica a fim de ressarcir os lesados.

6.5.3 *Dos grupos econômicos e dos consórcios*

Como já ressaltado, a CLT estabeleceu a responsabilidade solidária entre empresas que pertençam ao mesmo grupo econômico (art. 2º, pa. 2º, § 2º)[139]. Não tratou o legislador de situação de desconsideração

[139] "GRUPO ECONÔMICO. RESPONSABILIDADE SOLIDÁRIA. AUSÊNCIA DE TRANSCENDÊNCIA. Dispõe o § 2º do artigo 2º da CLT que " *Sempre que uma ou mais empresas, tendo, embora, cada uma delas, personalidade jurídica própria, estiverem sob a direção, controle ou administração de outra, constituindo grupo industrial, comercial ou de qualquer outra atividade econômica,*

da personalidade jurídica, mas simples regra de responsabilidade solidária entre pessoas com a intenção de criar a figura do empregador único, nas hipóteses de empresas agrupadas. Não se olvide que a responsabilidade solidária somente pode decorrer da lei ou do contrato (art. 265, CC). Ocorre a responsabilidade solidária quando, para a mesma obrigação, concorra mais de um credor ou devedor (art. 264, CC).Portanto, prevalece a regra da CLT e não a regra do artigo 28, § 2º, do CDC. Todavia, o que o intérprete deve considerar é que, quando o credor pretender ver reconhecida responsabilidade solidária entre as empresas do grupo, deverá trazer todas elas desde o início do processo de conhecimento, entendimento este que havia sido pacificado pelo TST na Sumula 205, que previa: "O responsável solidário, integrante do grupo econômico, que não participou da relação processual como reclamado e que, portanto, não consta no título executivo judicial como devedor, não pode ser sujeito passivo na execução". Essa súmula foi cancelada em 19/11/2003 e, a partir daí, muitas decisões acabaram por entender que isso viabilizava que empresas do mesmo grupo pudessem ser chamadas como responsáveis solidários na fase de execução. A polêmica chegou no Supremo Tribunal Federal que, no julgamento,

---

serão, para os efeitos da relação de emprego, solidariamente responsáveis a empresa principal e cada uma das subordinadas". Com efeito, esta Corte tem firme jurisprudência no sentido de que para a configuração de grupo econômico é imprescindível a existência de relação hierárquica de uma empresa sobre a outra, não sendo suficiente o simples fato de haver sócios em comum entre as demandadas, de estarem representados pelo mesmo escritório de advocacia e preposto, ou, ainda, a mera relação de coordenação entre as reclamadas. Precedentes. Na hipótese dos autos, o e. TRT confirmou a sentença que declarou a inexistência de responsabilidade solidária das reclamadas pelos créditos constituídos no feito, ao fundamento de que a mera constatação da existência de sócio comum entre as empresas, ou o fato de dividirem o mesmo espaço físico, não ensejam, por si sós, a configuração de grupo econômico, sendo necessário, para tanto, " que exista relação hierárquica entre as empresas ou efetivo controle exercido por uma delas, o que, na hipótese dos autos, não restou evidenciado". Nesse contexto, estando a decisão regional em harmonia com a jurisprudência pacífica desta Corte, incide a Súmula nº 333 do TST como obstáculo à extraordinária intervenção deste Tribunal Superior no feito." TST Processo:Ag-AIRR - 75700-92.2007.5.02.0086, em 15/12/2021, Relator: Breno Medeiros.

esclareceu que o TST deveria rever sua jurisprudência, pelo menos, a partir da vigência do CPC de 2015, cujo art. 513 prevê expressamente que *"o cumprimento da sentença não poderá ser promovido em face do fiador, do coobrigado ou do corresponsável que não tiver participado da fase de conhecimento* (par. 5º)". Assim o acordão esclarece que:

> Nesse sentido, ao desconsiderar o comando normativo inferido do §5º do art. 513 do CPC, lido em conjunto com o art. 15 do mesmo diploma legal, que, por sua vez, dispõe sobre a aplicabilidade da legislação processual na ausência de normas que regulem processos eleitorais, trabalhistas ou administrativos, o Tribunal de origem afrontou a Súmula Vinculante 10 do STF e, por consequência, a cláusula de reserva de plenário, do art. 97 da Constituição Federal. Eis o teor do enunciado sumular: "Viola a cláusula de reserva de plenário (CF, artigo 97) a decisão de órgão fracionário de tribunal que, embora não declare expressamente a inconstitucionalidade de lei ou ato normativo do Poder Público, afasta sua incidência, no todo ou em parte." Por essa razão, o Tribunal a quo incorreu em erro de procedimento. Sendo assim, reconhecida essa questão prejudicial, faz-se imprescindível nova análise, sob a forma de incidente ou arguição de inconstitucionalidade, pelo Juízo competente, antes da apreciação, por esta Corte, em sede de recurso extraordinário, da suposta violação aos arts. 5º, II, XXXV, LIV e LV, do texto constitucional.[140]

Sempre defendi que não se pode redirecionar a execução em face daquele que não consta como devedor no título executivo, salvo se houver autorização legal para tanto, prevista expressamente

[140] STF, recurso extraordinário com agravo 1.160.361 São Paulo, 10/09/2021 Relator: Min. Gilmar Mendes.

em lei, hipóteses estas fixadas no art. 790, CPC. Portanto, caso seja intenção do credor, em processo executivo, voltar-se contra empresa do grupo que não esteja no título executivo judicial, a única via será pelo cadente de desconsideração da personalidade jurídica com fundamento no art. 28 do CDC, caso em que a responsabilidade será subsidiária conforme determinado pelo par. 2º daquele dispositivo.

A jurisprudência mais recente do TST já acena para a interpretação conforme o entendimento do STF, reconhecendo inclusive a transcendência do tema, como se vê na redação do julgado:

> No caso dos autos, entendeu o eg. Tribunal Regional que "para a configuração de grupo econômico basta a simples relação de coordenação entre as empresas, com interesse social integrado, não se cogitando para tanto da existência de controle e administração de uma empresa sobre as outras, em grau de hierarquia ascendente". Assentou que, no caso, restou comprovado, ainda que de forma indireta, a participação da família Bertin no grupo empresarial do qual faz parte a Triângulo do Sol Autoestradas S.A., diante da participação dos sócios Natalino Bertin (0,000001%), Fernando Antônio Bertin (0,000001%), Silmar Roberto Bertin (0,000001%) e Reinaldo Bertin na empresa Hauolimau, restando, assim, configurada a identidade de sócios entre as demandadas. Nesse contexto, o eg. Tribunal Regional impôs a responsabilidade solidária à ré, sem amparo legal, em total afronta ao art. 5º, II, da Constituição Federal. Ressalva de entendimento do relator que entende que a formação de grupo econômico se dá pela mera coordenação entre as empresas.
>
> A decorrência lógica do conhecimento do recurso de revista por violação do art. 5º, II, da Constituição Federal é o seu provimento.

> Ante o exposto, dou provimento ao recurso de revista para afastar o reconhecimento do grupo económico e a responsabilidade solidária da reclamada e, assim, determinar a sua exclusão do polo passivo da lide. Prejudicada a análise dos demais temas do recurso. [141]

Mas a questão não se pacificou. Na data de fechamento da edição desta obra, foi publicada decisão uma proferida pela Vice-Presidência do TST suspendendo os processos em que se discute a inclusão de empresas do mesmo grupo econômico em fase de execução de sentença até que seja concluído pelo STF o julgamento da ADPF 488 e ADPF 951, ante a divergência que se mantém nas Cortes Superiores com relação à matéria[142].

No que concerne às empresas consorciadas, não estão elas abrangidas pelo art. 2º do § 2º da CLT, de modo que, se não houver no processo de conhecimento discussão quanto a sua responsabilidade, somente poderão ser atingidas pela execução se houver desconsideração da personalidade jurídica da empresa devedora, caso em que poderão responder de forma solidária nos termos do art. 28, § 3º, CDC. Observe-se que a responsabilidade das empresas consorciadas somente poderá ser verificada nas situações em que houver o reconhecimento da disfunção da pessoa jurídica, sendo imprescindível o reconhecimento e a decretação

---

[141] TST. RR - 11173-06.2016.5.03.0146. Órgão Judicante: 8ª Turma. Relator: Alexandre de Souza Agra Belmonte. Julgamento: 11/05/2022. Publicação: 16/05/2022.

[142] "A fim de viabilizar o exame mais acurado da controvérsia, além dos presentes autos, selecionei o seguinte processo: Ag-ED-AIRR-10252-81.2015.5.03.0146, o qual versa sobre idêntica questão e será encaminhado conjuntamente ao Supremo Tribunal Federal como representativo da controvérsia. Ato contínuo, determino a suspensão do trâmite de todos os processos pendentes, até a decisão de afetação ou julgamento da matéria pela Suprema Corte, nos moldes do artigo 1.036, § 1o, do CPC. Pelo exposto, preenchidos os pressupostos de admissibilidade recursal, com fulcro nos artigos 1.030, IV, e 1.036, §§ 1º e 6º, do CPC, admito o recurso extraordinário como representativo da controvérsia e determino a remessa dos autos ao Supremo Tribunal Federal". Processo TST-AIRR-10023-24.2015.5.03.0146. Relatora: Dora Maria da Costa, Ministra Vice-presidente do TST.

de desconsideração do devedor primário. A regra, portanto, é a da irresponsabilidade das empresas participantes do consórcio (art. 278 da Lei nº 6.404/1976). Observe-se, por fim, que o consórcio não tem personalidade jurídica de modo que qualquer ação promovida contra ele não importará análise de desconsideração da personalidade jurídica.

6.6 Incidente de DPJ

O CPC de 2015 inseriu no sistema jurídico processual o incidente de desconsideração da personalidade jurídica, que obrigatoriamente deverá ser observado em qualquer fase que o processo esteja, caso o credor pretenda ver declarada a responsabilidade do sócio ou administrador da pessoa jurídica. E foi mais longe o legislador quando não só previu o incidente, isto é, um procedimento no curso de uma relação em andamento, como possibilitou que se trouxesse a discussão quanto à responsabilidade de pessoas estranhas à relação originária desde o início do processo, isto é, como pretensão principal e não incidental. Assim entendeu o STJ[143]:

> DIREITO CIVIL E PROCESSUAL CIVIL. RECURSO ESPECIAL. NEGATIVA DE PRESTAÇÃO JURISDICIONAL. INOCORRÊNCIA. AÇÃO DE EXECUÇÃO DE TÍTULOS EXTRAJUDICIAIS. CÉDULAS DE CRÉDITO BANCÁRIO. PENHORA DE BENS DE EMPRESA INDIVIDUAL DE RESPONSABILIDADE LIMITADA - EIRELI QUE NÃO É PARTE NA EXECUÇÃO. IMPOSSIBILIDADE. ALEGAÇÃO DE FRAUDE E CONFUSÃO PATRIMONIAL. DESCONSIDERAÇÃO INVERSA DA PERSONALIDADE JURÍDICA. INSTAURAÇÃO DO INCIDENTE. NECESSIDADE. 1. Ação de execução de títulos extrajudiciais proposta em 31/03/2016.

143 REsp 1874256 / SP 2020/0027587-2 Relator(a) Ministra NANCY ANDRIGHI; Órgão Julgador T3 - TERCEIRA TURMA Data do Julgamento 17/08/2021.

Recurso especial interposto em 16/07/2019 e concluso ao Gabinete em 06/05/2020. Julgamento: Aplicação do CPC/2015. 2. O propósito recursal consiste em dizer, para além da negativa de prestação jurisdicional, acerca da possibilidade de penhora de bens pertencentes a empresa individual de responsabilidade limitada(EIRELI), por dívidas do empresário que a constituiu, independentemente da instauração de incidente de desconsideração inversa da personalidade jurídica. 3. Não ocorre violação do art. 1.022 do CPC/15 quando o Tribunal de origem, aplicando o direito que entende cabível à hipótese, soluciona integralmente a controvérsia submetida à sua apreciação, ainda que de forma diversa daquela pretendida pela parte. 4. A Empresa Individual de Responsabilidade Limitada - EIRELI foi introduzida no ordenamento jurídico pátrio pela Lei 12.441/2011, com vistas a sanar antiga lacuna legal quanto à limitação do risco patrimonial no exercício individual da empresa. 5. O fundamento e efeito último da constituição da EIRELI é a separação do patrimônio - e naturalmente, da responsabilidade entre a pessoa jurídica e a pessoa natural que lhe titulariza. Uma vez constituída a EIRELI, por meio do registro de seu ato constitutivo na Junta Comercial, não mais entrelaçadas estarão as esferas patrimoniais da empresa e do empresário, como explicitamente prescreve o art. 980-A, § 7º, do CC/02.

6. Na hipótese de indícios de abuso da autonomia patrimonial, a personalidade jurídica da EIRELI pode ser desconsiderada, de modo a atingir os bens particulares do empresário individual para a satisfação de dívidas contraídas pela pessoa jurídica. Também se admite a desconsideração da personalidade jurídica de maneira inversa, quando se constatar a utilização abusiva, pelo empresário individual, da blindagem patrimonial conferida à EIRELI, como forma de ocultar seus bens pessoais. 7. Em uma ou em outra situação, todavia, é imprescindível a instauração

do incidente de desconsideração da personalidade jurídica de que tratam os arts. 133 e seguintes do CPC/2015, de modo a permitir a inclusão do novo sujeito no processo - o empresário individual ou a EIRELI -, atingido em seu patrimônio em decorrência da medida.

Visando evitar a resistência por parte da jurisprudência, o TST adiantou-se com a publicação da resolução 39 de 15/03/2016, que determinou a aplicação ao processo do trabalho do incidente de desconsideração da personalidade jurídica:

> Art. 6° Aplica-se ao Processo do Trabalho o incidente de desconsideração da personalidade jurídica regulado no Código de Processo Civil (arts. 133 a 137), assegurada a iniciativa também do juiz do trabalho na fase de execução (CLT, art. 878).

Por fim, a Lei nº 13.467/2017 alterou a CLT e trouxe previsão expressa, no art. 855-A, quanto à aplicação do incidente no processo do trabalho tornando assim induvidoso o fato de que, em havendo intenção de se responsabilizar sócio ou administrador por dívidas sócias, será necessária a instauração do incidente, o que afastou qualquer dúvida com relação à aplicação desse instrumento. Pode-se dizer que foi um marco no processo do trabalho o fato de se exigir a instauração do incidente, colocando um fim nos casos em que havia execução redirecionada e invasão patrimonial sem possibilitar a defesa daquele que era atingido pelos atos de execução[144].

---

[144] "No caso, constata-se que restaram infrutíferas as tentativas de se garantir o juízo tendo como alvo a primeira reclamada, incidindo automaticamente e sem quaisquer restrições a plena responsabilidade daquele que, em última análise, figura na relação jurídica única e exclusivamente para garantir a integral satisfação do credor e que, aliás, se beneficiou da mão de obra da parte autora. Na medida em que há a condenação da devedora subsidiária é legítimo o prosseguimento da execução em

Daí que, caso o autor da ação decida por demandar diretamente a pessoa jurídica e o sócio ou administrador que entenda ter responsabilidade secundária, o conhecimento da relação jurídica se fará desde a formação processual, instaurando-se o contraditório e abrindo-se amplamente a instrução probatória. Da decisão, caberá recurso ordinário. Caso o incidente seja instaurado posteriormente, na fase executiva, a matéria desafiará o agravo de petição, observando-se que a interposição do incidente provocará a suspensão do andamento processual, preservando-se, em qualquer hipótese, a prática de atos urgentes que poderão ser analisados através de medidas provisórias, nos termos dos art. 294 e seguintes do CPC.

Cumpre lembra que o incidente de desconsideração da personalidade jurídica foi inserido no CPC na parte que trata da intervenção de terceiros e a legitimidade para instaurá-lo será da parte interessada ou do Ministério Público nos casos em que puder intervir. A pergunta que se impõe é saber se haveria possibilidade de instauração de ofício pelo juiz, pois a previsão do incidente ou

---

relação a ela, sem que implique ofensa às disposições contidas na Lei nº 11.101/05 ou ao artigo 5º, incisos II e XXXVI, da Constituição Federal de 1988. Em face do princípio da proteção ao crédito de natureza alimentar e a efetividade da prestação jurisdicional, não pode o trabalhador ficar à mercê do regular andamento processual na esfera cível, quando há condenação da devedora subsidiária. Ademais, não tem razão a agravante ao pretender seja primeiro executado o patrimônio dos sócios da devedora principal, pois não há entre eles benefício de ordem, que é faculdade do credor. Logo, desnecessário, no atual momento processual, seja instaurado incidente de desconsideração da personalidade jurídica. Ainda quanto ao exercício do benefício de ordem, não há dúvidas de que cabe ao devedor subsidiário indicar onde estão os bens livres e desembaraçados do devedor principal, ou mesmo dos sócios que integravam o quadro societário da devedora principal, além de bens suficientes para garantir a execução. No entanto, a CELG não se desonerou deste encargo. Assim, não há que se cogitar acerca de eventual direito da agravante de ver esgotadas todas as possibilidades de execução contra o devedor principal e seus sócios, antes de responder pelo débito. Saliente-se, finalmente, que a agravante poderá se valer do direito regressivo contra a devedora principal, no juízo próprio, sem descumprir sua responsabilidade subsidiária nos presentes autos. Por todo exposto, não merecem abrigo as alegações e pedidos da agravante no sentido de que antes da execução voltar-se em seu desfavor a ver a desconsideração da personalidade jurídica da devedora principal para que se alcancem os bens de seus sócios". TST, Processo: Ag-AIRR - 10395-30.2017.5.18.0131, em 7/12/2021, Relator: Claudio Mascarenhas Brandão.

da possibilidade de ação direta seria incompatível com a decisão *ex officio*, pois o Judiciário é órgão que deve ser provocado e não é cabível o Juiz atuar sem que tenha sido chamado.

Sobre o tema, Tartuce e Amorim sustentam que:

> Apesar dessa previsão, entendo que, em alguns casos, envolvendo a ordem pública, a desconsideração da personalidade jurídica ex officio é possível. Citem-se justamente as hipóteses envolvendo a tutela dos consumidores, eis que, nos termos do art. 1o da Lei 8.078/1990, o Código de Defesa do Consumidor é norma de ordem pública e interesse social, envolvendo direitos fundamentais protegidos pelo art. 5o da Constituição Federal de 1988. A esse propósito, por todos os doutrinadores consumeristas, como pondera Claudia Lima Marques, "no Brasil, pois, a proteção do consumidor é um valor constitucionalmente fundamental (Wertsystem) e é um direito subjetivo fundamental (art. 5o, XXXII), guiando – e impondo – a aplicação ex officio da norma protetiva dos consumidores, a qual realize o direito humano (efeito útil e pro homine do status constitucional); esteja esta norma no CDC ou em fonte outra (art. 7o do CDC)".De todo modo, pelo que consta do art. 10 do mesmo CPC/2015, antes desse conhecimento de ofício, deve o juiz ouvir as partes envolvidas, o que representa aplicação do princípio da boa-fé objetiva processual. Nos termos da norma, que veda as chamadas decisões-surpresas.145

Considero de difícil aplicação o entendimento, dificuldade que se nota no texto acima, pois determinar que as partes se manifestem seria o equivalente a ter a ratificação do interessado no ato de se

[145] TARTUCE; NEVES, 2021, p. 433.

instaurar o incidente. Portanto, considero que, afinal, o que haveria era a manifestação da própria parte pleiteando a instauração do incidente.

6.7 Da empresa individual de responsabilidade limitada

Um último ponto que considero importante tratar é a regra trazida pelo Lei nº 13.874/2019 que inseriu no art. 980-A, CC, o parágrafo 7º, que assim dispõe:

> § 7º Somente o patrimônio social da empresa responderá pelas dívidas da empresa individual de responsabilidade limitada, hipótese em que não se confundirá, em qualquer situação, com o patrimônio do titular que a constitui, ressalvados os casos de fraude.

A intenção do legislador foi de proteger o empresário pequeno, incluindo aqui o caso do microempreendedor individual que, como já venho sustentando, é uma figura que mais se aproxima do trabalhador, nos chamados novos modelos contratuais, que com as empresas propriamente ditas. As diversas crises que vem passando o direito do trabalho têm criado um exército de empresários pequenos que acabam trabalhando por produção e com uma "certa" liberdade negocial e flexibilidade de tempo. Assim me posicionei quanto ao tema, chamando a atenção para este *novo* paradigma:

> este nuevo modelo económico que empieza a ganar fuerza la propuesta de nuevos tipos contractuales atípicos, o sea, modelos en que los trabajadores no tienen garantía del empleo seguro y no son coherentes con los que se habían implementado con el Estado social. El trabajador debería cambiar el puesto del trabajo seguro sim- plemente por un

> puesto de trabajo que le garantizase una remuneración hipotéticamente mayor y con disponibilidad de tiempo para su vida privada. Después de la crisis de 2008 se implementa la idea del emprendedor como una solución adecuada a la crisis del empleo y la posibilidad del trabajador a volver al mercado de trabajo con más libertad, mayor autonomía y mejores beneficios. El empresario de sí mismo, con la facilitad que le garantizan las plataformas de trabajo o cualquier otro tipo de solución que le ofrece el sistema legal, muchas veces inculca en el trabajador la ilusión de que tendrá una situación social y laboral mejor, lo que no siempre es verdad. La ilusión que se vende no les dice que la remuneración ha disminuido considerablemente, sus responsabilidades y encargos serán mayores y desproporcionados a la situación de un pseudo-empresario, y su futuro será incierto. No se critica la importancia del trabajo del emprendedor. Lo que se puntúa es que los que se dedican a esa actividad no pueden ser los falsos autónomos o emprendedores, o sea, no pueden activarse a una función autónoma por no tener la opción de trabajar. Todas las profesiones y actividades son necesarias para el desarrollo sostenible y la libertad profesional y empresarial[146].

Portanto, a regra trazida pela lei supramencionada acaba por proteger estas situações em que o trabalhador se confunde com a empresa, criando uma regra excepcional e específica para as hipóteses em que o empregador é empresa de pequeno porte e que poderia se confundir com um trabalhador pessoa física, excluindo a aplicação da regra prevista no CDC e no art. 50 do CC. Por outras palavras, para que seja possível a procedência de uma pretensão que importe em desconsideração da personalidade jurídica desse tipo empresarial,

---

[146] NAHAS, Thereza C. Notas Sobre La Regulación Del Trabajo En El Contexto Económico. *Revista Derecho Social y Empresa*, [S.l.], n. 13, 2020, p. 11.

faz-se necessário que esteja configurada a fraude. Não obstante a regra expressa, a questão não parece pacífica, pois o Tribunal de Justiça de São Paulo assim decidiu sobre o empresário individual:

> O empresário individual é a própria pessoa física prestadora dos serviços, desde que cumpridos os requisitos consubstanciados no artigo 966 do Código Civil: "Considera-se empresário quem exerce profissionalmente atividade econômica organizada para a produção ou a circulação de bens ou de serviços". A sua inscrição no CNPJ não significa dizer que lhe foi atribuída uma personalidade jurídica distinta do empresário. Pelo contrário, trata-se de providência tomada para fins fiscais e tributários, sem que signifique, por si só, o preenchimento dos requisitos necessários à formação da pessoa jurídica, elencadas no artigo 45 do Código Civil. Assim, não se tratando de sociedade, a possibilidade de um indivíduo adquirir sozinho a personalidade jurídica se dá somente em caso de observância do art. 45, inc. VI c.c. art. 980-A do Código Civil. Para que a empresa individual de responsabilidade limitada seja caracterizada, mister a observância dos requisitos legais próprios, com registro de seus respectivos atos constitutivos, à semelhança da constituição da sociedade limitada. In casu, porém, foi identificada a inscrição do empresário individual perante a Junta Comercial como microempresa, sem qualquer delimitação no que se refere à existência de responsabilidade limitada Nessa hipótese, prevalece o entendimento de que o empresário individual não possui qualquer distinção patrimonial, respondendo com a totalidade de seus bens sobre as dívidas assumidas pessoalmente ou no exercício da empresa (art. 790 do Código de Processo Civil)... Dessa forma, inexistindo personalidade jurídica da empresa individual, "não existe

justificativa para atribuir à empresa individual a qualidade de parte de forma distinta da de seu titular. Na verdade, o que existe é uma só pessoa, a física, o que afasta a possibilidade de cogitar de litisconsórcio" [147]

E, assim, vem decidindo o STJ:

4. A Empresa Individual de Responsabilidade Limitada - EIRELI foi introduzida no ordenamento jurídico pátrio pela Lei 12.441/2011, com vistas a sanar antiga lacuna legal quanto à limitação do risco patrimonial no exercício individual da empresa.
5. O fundamento e efeito último da constituição da EIRELI é a separação do patrimônio - e naturalmente, da responsabilidade entre a pessoa jurídica e a pessoa natural que lhe titulariza. Uma vez constituída a EIRELI, por meio do registro de seu ato constitutivo na Junta Comercial, não mais entrelaçadas estarão as esferas patrimoniais da empresa e do empresário, como explicitamente prescreve o art. 980-A, § 7º, do CC/02.
6. Na hipótese de indícios de abuso da autonomia patrimonial, a personalidade jurídica da EIRELI pode ser desconsiderada, de modo a atingir os bens particulares do empresário individual para a satisfação de dívidas contraídas pela pessoa jurídica. Também se admite a desconsideração da personalidade jurídica de maneira inversa, quando se constatar a utilização abusiva, pelo empresário individual, da blindagem patrimonial conferida à EIRELI, como forma de ocultar seus bens pessoais.
7. Em uma ou em outra situação, todavia, é imprescindível a instauração do incidente de desconsideração da personalidade jurídica de que

[147] TJSP, Agravo de Instrumento no 2249448-89.2021.8.26.0000, em 21/12/2021, Hugo Crepaldi Relator.

> tratam os arts. 133 e seguintes do CPC/2015, de modo a permitir a inclusão do novo sujeito no processo - o empresário individual ou a EIRELI -, atingido em seu patrimônio em decorrência da medida.[148]

A matéria é nova e certamente merecerá uma análise mais criteriosa dos Tribunais do Trabalho. É certo que houve uma preocupação do legislador em tutelar estas empresas menores, justamente pelo desnível que apresentam no mercado com as outras de porte maior, o que tem levado a regulamentação de várias regras excepcionais que consideram, justamente, tais diferenças e, inclusive, o fato de que, na sua grande maioria, trabalhadores com uso da tecnologia da informação e comunicação, especialmente os que se ativam em plataformas digitais, detêm tal natureza.

Notas conclusivas

Este pequeno ensaio procurou tratar das principais peculiaridades relativas a um instituto de grande importância o direito, não só nacional, mas também estrangeiro. A DPJ guarda, *mutatis mutantis*, a mesma fundamentação nos diversos ordenamentos jurídicos que a admitem. Em Portugal, por exemplo, o fundamento para a permissão da quebra do principio da autonomia é o mesmo:

> I - O princípio da atribuição da personalidade jurídica às sociedades e da separação de patrimónios, ficção jurídica que é, não pode ser encarado, em si, como um valor absoluto e não pode ter a natureza

[148] STJ, REsp 1874256 / SP Recurso Especial 2020/0027587-2, em 17/08/2021, Relatora Ministra Nancy Andrighi.

> de um manto ou véu de protecção de práticas ilícitas ou abusivas – contrárias à ordem jurídica –, censuráveis e com prejuízo de terceiros. II - Assim, quando exista uma utilização da personalidade colectiva que seja, ou passe a ser, instrumento de abusiva obtenção de interesses estranhos ao fim social desta, contrária a normas ou princípios gerais, como os da boa-fé e do abuso de direito, relacionados com a instrumentalização da referida personalidade jurídica, deve actuar a desconsideração desta, depois de se ponderarem os verdadeiros interesses em causa, para poder responsabilizar os que estão por detrás da autonomia (ficcionada) da sociedade e a controlam[149]

A lei procura regular o fato social permitindo a harmonia em sociedade. Se há abuso de um direito, em qualquer de suas modalidades, isso deve ser coibido, ainda que seja para sacrificar um direito legitimo, pois, em face de abusos e fraudes, não há situação jurídica que possa prevalecer.

---

[149] 919/15.4T8PNF.P1.S1. 1ª secção, Alexandre Reis; Desconsideração da personalidade jurídica. Pressupostos. Abuso do direito. Sociedade comercial. Personalidade jurídica. Separação de bens. Boa-fé. Fim social. Sócio. Responsabilidade solidária. Data do acórdão: 07/11/2017.

REFERÊNCIAS

AGUIAR JÚNIOR, Ruy Rosado (coord.). **I Jornada de Direito Comercial**. Brasília: Conselho da Justiça Federal, Centro de Estudos Judiciários, 2013. Disponível em: https://www.cjf.jus.br/cjf/corregedoria-da-justica-federal/centro-de-estudos-judiciarios-1/publicacoes-1/jornadas-de-direito-comercial/livreto-i-jornada-de-direito-comercial.pdf. Acesso em: 6 jan. 2022.

AGUIAR JÚNIOR, Ruy Rosado (coord.). **Jornadas de direito civil I, III, IV e V: enunciados aprovados**. Brasília: Conselho da Justiça Federal, Centro de Estudos Judiciários, 2012. Disponível em: https://www.cjf.jus.br/cjf/corregedoria-da-justica-federal/centro-de-estudos-judiciarios-1/publicacoes-1/jornadas-cej/EnunciadosAprovados-Jornadas-1345.pdf. Acesso em: 6 jan. 2022.

AHUMADA, J. E. Lopéz (coord.). **Nuevas formas de trabajo y economía informal**. Universidad de Alcalá: Instituto Universitario de Investigación en Estudios Latinoamericanos, 2020.

ALMEIDA, Amador Paes de. **Execução de bens dos sócios**: obrigações mercantis, tributárias e trabalhistas – da desconsideração da personalidade jurídica. 5. ed. São Paulo: Saraiva, 2001.

ANDREOTTI NETO, Nello. **Direito civil e romano**. 2. ed. São Paulo: Rideel, 1975.

AVILÉS, José Antonio Fernández. **El modelo de" flexiseguridad" europeo: una aproximación crítica**. Sevilla: X Congreso Europeo de Derecho del Trabajo y de la Seguridad Social. 2011. Disponível em:

http://www.europeanrights.eu/public/commenti/fernandez_alviles_testo.pdf. Acesso em: 1º jan. 2021.

BRAND, Ulrich; SEKLER, Nicola (orgs.). **Diante da Crise Global**: horizontes do pós-neoliberalismo. Rio de Janeiro: ed. UERJ, 2010.

BRASILINO, Fábio Ricardo Rodrigues. Função Social e Preservação da Empresa: a teoria da desconsideração da personalidade positiva como instrumento efetivador. **Revista de Direito Privado**. São Paulo: RT, v. 63, 2015.

BUEN LOZANO, Nestor; VALENZUELA, Emilio Morgado (coords.). **Instituciones de derecho del trabajo y de la seguridad social**. Cidade Universitaria México: Academia Ibero Americana de Derecho del Trabajo y de la Seguridad Social y Universidad Nacional Autónoma de Mexico, 1997.

BYANYIMA Winnie. La globalización 4,0 puede tener un futuro brillante, si nos liberamos de la injusticia del pasado. **World Economic Forum**, [Estados Unidos?], 9 janeiro 2019. Disponível em: https://es.weforum.org/agenda/2019/01/la-globalizacion-4-0-puede-tener-un-futuro-brillante-si-nos-liberamos-de-la-injusticia-del-pasado/#:~:text=financieros%20y%20monetarios-,La%20Globalizaci%C3%B3n%204.0%20puede%20tener%20un%20futuro%20brillante%2C%20si%20nos,de%20la%20injusticia%20del%20pasado&text=Imagine%20un%20mundo%20en%20el,se%20haya%20eliminado%20la%20pobreza. Acesso em: 3 jun. 2019.

CANELA, Adriano; CARLUCCIO, José; DAMPIERRE, Guillaume de; FURTADO, Bruno. Como a Covid-19 acelerou as mudanças no cenário de vendas B2B no Brasil. **McKinsey & Company**, [Rio de Janeiro], 11 janeiro 2021. Disponível em: https://www.mckinsey.com.br/our-insights/how-covid-19-has-accelerated-changes-in-the-b2b-sales-landscape-in-brazil. Acesso em: 15 jan. 2021.

CANOTILHO, J.J. Gomes. **Direito constitucional e teoria da constituição**. Coimbra: Almedina, 1998.

COELHO, Fabio Ulhoa. **Curso de direito comercial**. 6. ed. São Paulo: Saraiva, 2003.

COELHO, Fábio Ulhoa. **Manual de direito comercial**. 14. ed. São Paulo: Saraiva, 2013.

COMPARATO, Fábio Konder. **Aspectos jurídicos da macroempresa**. São Paulo: Editora RT, 1970.

COMPARATO, Fábio Konder. **Direito empresarial**. São Paulo: Saraiva, 1995.

COSTA, Judith Hofmeister Martins. O direito privado como um “sistema em construção”: as cláusulas gerais no Projeto do Código Civil brasileiro. **Jus Navigandi**, Teresina, ano 4, n. 41, 2000. Disponível em: http://www1.jus.com.br/doutrina. Acesso em: 10 mar. 2003.

DELGADO, Maurício Godinho. **Curso de direito do trabalho**. São Paulo: LTr, 2002.

DENARI, Zelmo. **Código Brasileiro de Defesa do Consumidor**: comentado pelos autores do anteprojeto. 5. ed. Rio de Janeiro: Forense, 1997.

DINIZ, Maria Helena. **Código civil anotado**. 3. ed. São Paulo: Saraiva, 1999.

DINIZ, Maria Helena. **Código Civil anotado**. 8. ed. São Paulo: Saraiva, 2002.

ESPÍNOLA, Eduardo. **Sistema do direito civil**: edição histórica. Rio de Janeiro: Editora Rio, 1977.

FINCATO, Denise Pires; WÜNSCH, Guilherme. Subordinação algorítmica: caminho para o direito do trabalho na encruzilhada tecnológica?. **Revista TST**, São Paulo, v. 86, n. 3, p. 40-56, 2020, p.49. Disponível em: https://juslaboris.tst.jus.br/bitstream/handle/20.500.12178/181114/2020_fincato_denise_subordinacao_algoritmica.pdf?sequence=1&isAllowed=y. Acesso em:3 jan. 2021.

FIÚZA, Ricardo. Novo Código Civil: principais alterações na Parte Geral. **Jus Navigandi**, Teresina, ano 5, n. 47, 2000. Disponível em: http://www1.jus.com.br/doutrina. Acesso em: 28 jan. 2003.

FRIEDMAN, Milton. **Capitalismo e Liberdade**. São Paulo: GEN, 2014.

FUTURO do Trabalho no Brasil: diálogos tripartites. **OIT**, [S.l.], 2018. Disponível em: https://www.ilo.org/wcmsp5/groups/public/---americas/-

--ro-lima/---ilo-brasilia/documents/publication/wcms_626908.pdf. Acesso em: 7 jul. 2019.

GARCIA MENENDEZ, José Ramon. Globalizacion y la Economia Internacional. **Revista de Estudos Sociais**, [S.l], v. 5, n. 9, p. 155-183, 2011. Disponível em: https://periodicoscientificos.ufmt.br/ojs/index.php/res/article/view/192/182. Acesso em: 3 jun. 2019.

GOMBATA, Marsílea. Trabalho Informal bate recorde e deve continuar a crescer. São Paulo, **Valor Econômico**, 10 novembro 2021. Disponível em: https://valor.globo.com/brasil/noticia/2021/11/10/trabalho-informal-bate-recorde-e-deve-continuar-a-crescer.ghtml. Acesso em: 5 dez. 2021.

GOMES, Orlando. **Contratos**. 15. ed. Rio de Janeiro: Forense, 1995.

GOMES, Orlando. **Obrigações**. 2. ed. Rio de Janeiro: Forense, 1963.

GOMES, Orlando; GOTTSCHALK, Elson. **Curso de direito do trabalho**. 3. ed. Rio de Janeiro: Forense, 1994.

GOVERNO federal apresenta estratégia de desenvolvimento para o país até 2031. Brasília, **Governo Federal**, 27 outubro 2020. Disponível em: https://www.gov.br/economia/pt-br/assuntos/noticias/2020/outubro/governo-federal-apresenta-estrategia-de-desenvolvimento-para-o-pais-ate-2031. Acesso em: 2 fev. 2021.

GRAY, Mary L.; SIDDHARTH, Suri. **Ghost Work**: how to stop Silicon Valley from Building a New Gobal Underclass (2019), Nova York: Houghton Mifflin Harcourt, 2019.

IBGE: INFORMALIDADE cresce e atinge 37,3 milhões de trabalhadores em 2017. **UOL**, São Paulo, 05 dezembro 2018. Disponível em: https://economia.uol.com.br/empregos-e-carreiras/noticias/redacao/2018/12/05/ibge-trabalhadores-informalidade-brasil-2017.htm. Acesso em: 7 jul. 2019.

JUSTEN FILHO, Marçal. **Desconsideração da personalidade societária no direito brasileiro**. São Paulo: RT, 1987.

KLEIN, Naomi. **La Doctrina del Shock**: el auge del capitalismo del desastre. Madrid: Paidos, 2007.

KOURY, Suzy Cavalcante. Novo Código Civil: unificação dos direitos das obrigações e direito societário. **Revista da Faculdade de Direito da Universidade de Minas Gerais**, Belo Horizonte, v. 44, p. 319-343, 2004. Disponível em: https://revista.direito.ufmg.br/index.php/revista/article/view/1404. Acesso em: 20 fev. 2021.

LA IMPORTANCIA del empleo y los medios de vida en la agenda para el desarrollo con posterioridad a 2015. **OIT**, *[S.l]*, [c2022]. Disponível em: https://www.ilo.org/global/topics/sdg-2030/documents/WCMS_193484/lang--es/index.htm. Acesso em: 7 jul. 2019.

LOEWWENWARTER, J. A. **Derecho civil alemán comparado, con las características del derecho comercial**. 2. ed. Santiago: Editorial Nascimento, 1943.

MARINONI Luiz Guilherme; ARENHART, Sergio Cruz; MITIDIERO, Daniel. **Novo Código de Processo Civil**. São Paulo: RT, 2015.

MARQUES, Claudia Lima (coord.). **Direito Privado e Desenvolvimento Econômico**. São Paulo: Thomson Reuters Brasil, 2019.

MARTIM, Fran. Curso de direito comercial. 11. ed. Rio de Janeiro: Forense, 1986.

MARTIM, Fran. **Curso de direito comercial**. 3. ed. Rio de Janeiro: Forense, 1967.

MARTINEZ, Luciano. **Curso de Direito do Trabalho**. 10. ed. São Paulo: Saraiva, 2020.

MATTIELO, Fabrício Zamprogna. **Código Civil comentado**. São Paulo: LTr, 2003.

MIRANDA, Pontes de. **Tratado de direito privado**: parte geral. Campinas: Bookseller, 1999.

MORAES FILHO, Evaristo de. **Sucessão nas obrigações e a teoria da empresa**. São Paulo: RT, 1959

NAHAS, Thereza. **O novo direito do trabalho**: institutos fundamentais. São Paulo: Editora Revista dos Tribunais, 2017.

NAHAS, Thereza C. Notas Sobre La Regulación Del Trabajo En El Contexto Económico. **Revista Derecho Social y Empresa**, [S.l.], n. 13, 2020.

NAHAS, Thereza C. Princípios: a necessidade da compreensão da função normativa (coerência na sua aplicação e interpretação). **Revista do Tribunal Superior do Trabalho**, Porto Alegre, v. 75, n. 3, p. 45-56, 2009.

NAHAS, Thereza C,; PEREIRA, Leone;, MIZIARA, Raphael. **CLT comparada urgente**. 1. ed. São Paulo: Editora RT, 2017.

NAHAS, Thereza; MARTINEZ, Luciano. Considerações sobre as medidas adotadas pelo Brasil para solucionar os impactos da pandemia do COVID-19 sobre os contratos de trabalho e no campo da Seguridade Social e da de prevenção de riscos laborais. **Cielo Laboral**, [S.l], 2020. Disponível em: http://www.cielolaboral.com/wp-content/uploads/2020/04/brasil_noticias_cielo_coronavirus-3.pdf. Acesso em: 16 jan. 2020.

NERY JR., Nelson; NERY ANDRADE, Rosa Maria de. *N***ovo Código Civil e legislação extravagante anotados**. São Paulo: Revista dos Tribunais, 2002.

NIÑO, Wilson Alexandre Chaparro. **Tecnología**: hacia un nuevo concepto de la subordinación laboral. 2018. Tese (magister en derecho). Bogotá: Universidad Externado de Colombia, 2018.

O QUE É O FGTS. Caixa Econômica Federal, [2022c?], Disponível em: https://www.fgts.gov.br/Pages/sou-empregador/o-que.aspx#:~:text=%E2%80%8B-,Como%20foi%20criado%20o%20FGTS,trabalhador%20demitido%20sem%20justa%20causa. Acesso em: 1º jan. 2022.

OLIVEIRA, Juarez de. Paulo Guedes, Ministro da Economia, que odeia os pobres do Brasil. **Pingos e Respingos**, [S.l.], 23 julho 2021. Disponível em: https://pingoserespingos.wordpress.com/2021/07/23/paulo-guedes-ministro-da-economia-que-odeia-os-pobres-do-brasil/. Acesso em: 1º set. 2021.

OLIVEIRA, Brasílio Augusto Machado de. Da Unificação do Direito Privado. **Revista da Faculdade de Direito de São Paulo**, São Paulo, v. 5, p. 135-155, 1897.

PODETTI, Humberto A. Los principios del derecho del trabajo. In: BUEN LOZANO, Nestor; VALENZUELA, Emilio Morgado (coords.). Instituciones de derecho del trabajo y de la seguridad social. Cidade Universitaria México: Academia Ibero Americana de Derecho del Trabajo y de la Seguridad Social y Universidad Nacional Autónoma de Mexico, 1997.

RAMOS TAVARES, André. **Direito Constitucional Econômico**. São Paulo: Ed. Método, 2003.

REALE, Miguel. Visão geral do Projeto de Código Civil. **Jus Navigandi**, Teresina, ano 4, n. 40, 2000. Disponível em: http://www1.jus.com.br/doutrina. Acesso em: 26 jan. 2003.

REQUIÃO, Rubens. Abuso de Direito e Fraude Através da Personalidade Jurídica (Disregard Doctrine). **Revista dos Tribunais**, São Paulo, v. 803, 2002.

REQUIÃO, Rubens. **Aspectos modernos do direito comercial**. 2. ed. São Paulo: Saraiva, 1988.

REQUIÃO, Rubens. **Curso de direito comercial**. São Paulo: Saraiva, 1988.

SABO PAES, José Eduardo. **Fundações e entidades de interesse social**: aspectos jurídicos, administrativos, contábeis e tributários. Brasília: Brasília Jurídica, 2006.

SABO PAES, José Eduardo. **Fundações e entidades de interesse social**: aspectos jurídicos, administrativos, contábeis e tributários. 4. ed. Brasília: Brasília Jurídica, 2003.

SANTOS, Boaventura Sousa. **Classes magistrais — globalização ou desglobalização?**. Aula no YouTube, 11 abril 2018. Disponível em: https://youtu.be/1_Mf1_kHtoE. Acesso em: 23 maio 2019.

SERPA LOPES, Miguel Maria de. **Curso de direito civil**. 8. ed. Rio de Janeiro: Freitas Bastos, 1996.

SILVA PEREIRA, Caio Mário da. **Instituições de direito civil**. 19. ed. Rio de Janeiro: Editora Forense, 2015.

SILVA PEREIRA, Caio Mário da. **Instituições de direito civil**. 6. ed. Rio de Janeiro: Forense, 2000.

SILVA, Ovídio A. Baptista. **Curso de processo civil**. 3. ed. São Paulo: RT, 1998.

SÜSSEKIND, Arnaldo; MARANHÃO, Délio; SEGADAS, Viana. **Instituições de direito do trabalho**. 15. ed. São Paulo: LTr, 1995.

TARTUCE, Flavio. **A Lei da Liberdade Econômica e os Contratos** — Universidade LaSalle. Aula no YouTube, 26 abril 2021. Disponível em: https://youtu.be/uZLufwo6dkI. Acesso em: 30 ago. 2021.

TARTUCE, Flávio; NEVES, Daniel Amorim Assumpção. **Manual de Direito do Consumidor**: direito material e processual. 10. ed. São Paulo: Método, 2021.

TEIXEIRA, Sálvio de Figueiredo (coord.). **A reforma do Código de Processo Civil**. São Paulo: Saraiva, 1996.

VALDÉS DAL-RÉ, Fernando. Descentralización Productiva y Desorganización del Derecho del Trabajo. **Core**, Londres, p. 43-63, 2011, p. 45. Disponível em: https://core.ac.uk/download/pdf/211094704.pdf. Acesso em: 3 jun. 2019.

VARELA, João de Matos Antunes Varela. **Do projecto ao Código Civil**. Lisboa: Imprensa Nacional de Lisboa, 1967.

VENOSA, **Sílvio. Direito civil**: parte geral. 3. ed. São Paulo: Atlas, São Paulo, 2003.

WEBER, Max. **A ética protestante e o espírito do capitalismo**. São Paulo: Martin Claret, 2001.

ZAVASCKI, Teori Albino. **Comentários ao Código de Processo Civil**: do processo de execução. São Paulo: RT, 2000.